Who Collapsed the Tacoma Narrows Bridge?

谁把塔科玛桥弄垮了？

［日］川田忠树 著
刘健新 译

人民交通出版社股份有限公司
China Communications Press Co.,Ltd.

图书在版编目(CIP)数据

谁把塔科玛桥弄垮了? / (日) 川田忠树著 ; 刘健新译. — 北京 : 人民交通出版社股份有限公司, 2018.3

ISBN 978-7-114-14443-1

Ⅰ.①谁… Ⅱ.①川… ②刘… Ⅲ.①跨海桥—悬索桥—桥梁结构 Ⅳ.①U443

中国版本图书馆 CIP 数据核字(2018)第 048856 号

著作权合同登记号:图字 01-2018-1850

书　　名: 谁把塔科玛桥弄垮了?
著 作 者: [日]川田忠树
译　　者: 刘健新
责任编辑: 卢俊丽　郑蕉林
责任校对: 张　贺
责任印制: 张　凯
出版发行: 人民交通出版社股份有限公司
地　　址: (100011)北京市朝阳区安定门外外馆斜街 3 号
网　　址: http://www.ccpress.com.cn
销售电话: (010)59757973
总 经 销: 人民交通出版社股份有限公司发行部
经　　销: 各地新华书店
印　　刷: 北京市密东印刷有限公司
开　　本: 720×960　1/16
印　　张: 11.5
字　　数: 195 千
版　　次: 2018 年 3 月　第 1 版
印　　次: 2018 年 3 月　第 1 次印刷
书　　号: ISBN 978-7-114-14443-1
定　　价: 92.00 元

简　　历

川田忠树

1935年5月2日出生。

1958年　东京外国语大学法语学科毕业。

1958年　东京大学工学部桥梁研究室研究生。

2002年　东京大学大学院工学博士。

1958年进入川田工业株式会社，担任部长、社长、会长、顾问等职。

因长大桥施工法的开发研究，以吊桥为中心的桥梁文化、技术史研究获1998年日本土木学会田中奖。

2013年获日本桥梁建设协会伊藤奖。

2016年获旭日中绶章。

著书：

吊桥的设计和施工	(1965年)
长跨度吊桥的理论和计算	(1969年)
布鲁克林的故事	(1974年)
谁把塔科玛桥弄垮了？	(1975年)
吊桥的文化史	(1981年)
现代的吊桥	(1987年)
复和构造桥梁	(1994年)
超长大桥梁建设的序幕——技术者的新挑战	(1999年)
桥和日本文化	(1999年)
近代吊桥历史——经济性和刚性的矛盾	(2002年)
History of Modern Suspension Bridge	(2010年)

简　　历

■ 刘健新

1942 年 9 月 18 日出生。

长安大学教授。

主著：

大跨度吊桥　（1995 年 4 月）

日本公路桥梁抗震设计规范释义　（2014 年 5 月）

共著：

桥梁美学　（1999 年 8 月）

译著：

桥梁造型　（1998 年 9 月）

超长大桥梁建设的序幕——技术者的新挑战　（2002 年 9 月）

谁把塔科玛桥弄垮了？　（2017 年 12 月）

川田忠樹著、劉健新訳
“だれがタコマを墜としたか”推薦文

本書の原著者川田忠樹博士は地方の鉄工所に過ぎなかった自社を橋梁専業業者として日本のトップクラスにまで育て上げた経営者であると共に、外国語大学卒業という経歴にも関わらず、東京大学の研究生として橋梁技術を熱心に勉強し、とくに吊橋に関しては数冊の著書を世に出した。まことに稀有の才能を持つ友人として私は長年敬服してきた。

ところで、本書の主題である1940年の米国タコマ海峡橋の事故は当時の橋梁技術者にとって衝撃的な出来事であった。当時世界第3位のスパンを誇った長大吊橋が風速わずか毎秒19mの風によって激しい振動を起こし、白昼人々の眼前で崩落としたのである。その後の理論、実験両面での研究によって、このような事故が再び起こることはなくなったが、現在でも長大吊橋の設計に当たっては、風洞模型実験が欠かせない検討手段とされている。

原著者の川田忠樹氏は1964年夏、再建されたタコマ橋の現地を訪ね、かつ、旧橋の建設当初からの挙動に注目して事故当日も現地で崩落までの一部始終に立会い、その後も研究を続けた今は亡きFarquharson教授と2日にわたる面談の機会に恵まれた。更にその後数年間、この事故の背景となる様々な事実を関係者との会見、関連文献の調査によって発掘し、ノンフィクション的に取りまとめたのが原著の内容である。40年以上前の著作とはいえ、当時の著名な橋梁界の大物も登場する貴重な記録である。文才に優れた川田氏の記述は専門家でない者も飽きさせない内容となっている。

一方、本書の翻訳者である劉健新教授は、1980年代に橋梁の耐風設計研究のため私どもの東京大学橋梁研究室に研究員として数年滞在され、長安大学に帰任後も長年にわたる私の友人として付き合ってきた。長安大学ではその後橋梁実験用の風洞を設置され、中国の長大橋建設に多大の貢献を果たされてきた。日本語にも堪能であられ、本書の中国語訳は、今や長大橋技術で世界の先頭に立つに至った中国の技術者、研究者にとって大きな意義を有するものと信じ、ここに推薦する次第である。

東京大学名誉教授　伊藤　学

川田忠树著、刘健新译
《谁把塔科玛桥弄垮了?》推荐文

本书的原著者川田忠树博士作为桥梁的专业业者,成为了日本屈指可数的经营者之一。尽管他是东京外国语大学毕业生,但作为东京大学桥梁研究生热心于桥梁技术,特别是出版了十余册有关吊桥的著作,是我具有稀世才能的常年的朋友,我感到敬佩。

本书的主题是1940年美国塔科玛桥垮塌给当时的桥梁技术者的巨大冲击,跨度位于当时世界第三位的塔科玛桥在19m/s风速下发生了激烈的振动,白天在人们的眼前垮塌,随之进行了更进一步的理论和实践研究,再也没有类似的事故发生,至今,风洞模型试验仍是不可或缺的研究手段。

著者川田忠树于1964年访问了再建的塔科玛桥,而且从始至终关注旧桥的反应以及桥梁当日的垮塌事故,还和塔科玛桥垮桥后持续进行研究的法库哈森教授进行了两天的面谈,以后的数年间和塔科玛桥事故各种各样事实的相关者会见,调查了有关文献,真实地记录了事故及相关人物的著作,还有40年以上的历史追录,当时桥梁界大人物登场的宝贵记录,文才优秀的川田先生的文章是不使非专业人士厌烦的内容。

本书的翻译者刘健新教授20世纪80年代曾为了桥梁的抗风研究在东京大学桥梁研究室进行了数年的学习。在其回到长安大学后,和我有着常年的互相来往,并在长安大学建设了桥梁试验用的风洞,对中国的长大桥建设作出了贡献,他的日语也很好,本书的翻译出版,我相信对于处在世界桥梁领先地位的中国技术者、研究者有很大的意义,因此推荐此书。

東京大学名誉教授 伊藤 学

中国語訳出版への序文

まさに事実は小説よりも奇なり

川田　忠樹

この度私が畏敬する長安大学の劉健新教授から、拙著「だれがタコマを墜としたか」を中国語に訳し、出版したいとのお申し出を受けた。

最初に架けられたタコマ吊橋が墜ちたのが1940年で今から77年前、私の本の第1版が日本で印刷されたのは1975年で、それから数えても既に42年を経たという古い話だけに、何を今更とも思ったのだが、結局劉先生のお申し出を受けさせて頂いた。

考えてみれば橋梁工学の中でも、少し特殊で難しいとされる風や振動の分野を専門とされている上に、日本の東京大学に留学されていたこともあって日本語にも堪能という、拙著の翻訳には劉先生ほどふさわしい方も無いのである。

墜ちたタコマ吊橋というのは中央径間853m、その両側には336mの側径間を有し、全長では1,527mという規模は、当時世界で第3位という大きな吊橋であった(北米大陸以外では、まだ最大径間で500mを超える橋が存在しない時代のことである)。

このような巨大な吊橋が僅か秒速19m、嵐とは言えぬ強風程度の風で、竣工後僅か4ヶ月の供用期間を大揺れに揺れて、橋桁がねじ切れて墜ちてしまったのである。

私がこのタコマ吊橋の惨事を始めて知ったのは1959年頃、東大橋梁研究室の研究生時代に見た、吊橋落橋のフィルムによるものであった。時あたかも我が日本では、本四連絡橋建設への機運が澎湃として沸き起こりつつあった時代で、そこには完成すれば世界一となること間違いなしという巨大な吊橋や斜張橋などが含まれていた。

このような時代に橋梁技術者への道を歩み始めていた私にとって、タコマ吊橋の惨事は、当然のことながら最大の関心事となった。邦文の文献だけではもの足りなくて、大学の図書館はもちろん、土木学会や国会図書館などにも足を運び、外国の文献も読み漁った。

だがその結果わかったことは、太平洋戦争(第二次大戦)の丁度1年前に起きたタコマ落橋事件は、かの国では重大な国家機密とされて、アメリカの敵国となる日本には、全く知らされていないということであった。

それではやむを得ない、タコマ落橋のことを最も良く知っている人を訪ねて、直接に話を聴いてみよう——そう思って、先ず最初に会いに出掛けたのが、ワシントン大学のファーカーソン教授であった。

1964年、弱冠29歳で怖いもの知らずの若造を、最初は必ずしも快く歓迎して下さったとは思われぬ老教授であったが、それがなんと2日間にわたり時間を割って、懇切に相手をして下さった。拙著「だれがタコマ…」は、このファーカーソン教授とご一緒して、いろいろ教えて頂いたところから始まっている。

その後私はサンフランシスコへ足を伸ばし、また2年後の1966年には、ポルトガルのリスボンからベルギーに飛んだりして、その度に新しい出会いがあり、新しい発見や驚きがあった。そのあたりのことも劉先生ならきっと見事な中国語に訳出して、読者の皆様に提供して下さることであろう。

事実は小説よりも奇なり——これは日本で本書を書いていた頃に、何度となく私の脳裏に浮かんだ言葉であるが、若し中国の読者の皆様に、一度でもそうした想いを抱いて頂けるようなことがあるならば、原著者としての悦びこれに勝るものはない。

2017年5月19日

中文翻译出版的序

——事实比小说更奇特

川田忠树

敬佩的长安大学刘健新教授将我的拙作《谁把塔科玛桥弄垮了?》翻译成中文出版了。

最初架设的塔科玛桥坠落的事故发生在距今77年前,我这本书第一版在日本印刷是在1975年,距今也已经42年了,刘健新先生说要翻译此书,我欣然同意了。

想想看,桥梁工学中,比较特殊和难的问题是风和振动的问题,刘先生有日本东京大学留学的经历,日语又十分好,拙作的翻译是非刘先生莫属的。

坠落的塔科玛桥是主跨853m,两侧边跨336m,全长1527m的长大吊桥,为当时世界第三位,北美大陆以外的世界各地还没有最大跨度超过500m的桥梁。

这样巨大的吊桥在风速仅有19m/s,还称不上暴风的强风吹动之下,竣工营运后仅4个月,产生了激烈的摇动,桥梁扭碎发生了坠落。

我最初知道塔科玛桥悲惨事故是在1959年,正值我在东京大学桥梁研究室读研究生之时,看到了塔科玛桥坠落的电影,这时正是完成后将会是世界第一的巨大的吊桥和斜拉桥的本四连络桥建设的机遇高涨的时代。

对投身于桥梁建设的我来说,塔科玛桥的事故当然是最关心的事,我踏上了一个桥梁技术者寻求事故真相的艰苦道路,在日本国内寻找日文的资料,基本没有,只得在大学的图书馆、土木学会、国会图书馆涉猎外国的文献。

但是正好在太平洋战争爆发一年前发生的塔科玛桥坠落事故是美国国家的重大机密,成为美国敌国的日本当然是全然不知道这件事的。

没有办法,我想到了前去访问塔科玛桥坠落事故最知情的目击者,直接听他讲。最先会面的是华盛顿大学的法库哈森教授。

1964年,不知天高地厚的29岁年青的我,最初想的是未必老教授会欢迎我的来访,但没想到法库哈森教授却花了整整两天的时间和我恳切地交谈。拙作《谁把塔科玛桥弄垮了?》就是从和法库哈森教授一起,他教我各种各样的事情开始的。

之后又去了旧金山。1966年从葡萄牙的里斯本飞到比利时,又有了新的会见和新的发现,令我吃惊。这次刘先生将此书译成中文出版,可以提供给读者一阅。

事实比小说更奇特。

这是在日本写本书的时候,不知多少次浮现在脑海中的事,如果中国的读者也有这样的想法,对于原著者的我来说,没有比此再高兴的了。

2017年5月19日

序

回顾往事,川田忠树是我学生中的一人。最近他很忙,我也很忙,很少见面。川田君从美国回来,突然出现请我写“序”。前些天,把他的《布鲁克林的故事》的序刚刚写完。我眨巴眼睛想了想,最近我从桥的研究中脱身,正忙于其他的事,但只好惟命是听,尽可能满足他的愿望,书的校稿拿在手中,又进入了回忆往事的境地。

昭和 15 年(1940 年)的年末,在新宿的一个二流的电影院,我看了两次新闻电影,那是塔科玛市郊外的塔科玛桥因风振而坠落的新闻,因处在第二次世界大战之中,还在等待详细的报道。手头只有数册工程新闻报告。但是青木楠男先生给土木学会和京城帝大理工学部买进了新闻胶片,那个胶片放了好多次,记忆深切而强烈。当时,有人说是像飞机的机翼的振动,“啊,是那样的吗?”如果设计上的要点有什么反驳的话,还是“做风洞试验好”。当时我知道在妹泽博士的名著振动学中,将屈曲现象以振动问题的形式进行处理,因此直觉感到应从塔科玛桥以何种形式振动来讨论扭转振动的稳定性,并综合成一篇论文,昭和 18 年(1943 年)回到东京大学提交了学位论文,昭和 20 年(1945 年)拿到了博士学位。

1945 年战败后,我担任土木学会的理事长时,受到麦克阿瑟司令部的询问,命令出示“土木学会购入新闻电影胶片的证明文件”。但那些证明文件全部丢失了,故又发出“这个影片让日本人看是不合适的,故予以没收”,只好饮泣吞声交了出去。现在日本有的相同的影片是我以后在纽约的斯坦因曼事务所看到时,由于斯坦因曼的好意才买入的。影片的事先放一放,我还记得战败后彻夜贪婪地看美国的报告,而且当时花 2 亿日元修建了大型风洞,是世界上唯一的设施,成为日本抗风研究的契机,而且对本州—四国架桥作出了很大的贡献。

回忆往事,使我又想起了过去忘掉的事,这是一本总结有关塔科玛桥各种各样记录的书。本书著者原先是东京外国语大学法文科出身,这本书显示的文才是天生的，而本职又是桥梁技术者，因此期待川田忠树君在桥梁建设上取得大的成就，当然这不仅仅是我的愿望。

昭和50年(1975年)8月4日

国际桥梁结构协会副会长

东京大学名誉教授工学博士

平井敦

序

1940 年 11 月 7 日，当时世界跨度第三的塔科玛桥开通后仅仅四个月，在 19m/s 风的吹动下梁被扭转切断坠落在水中，集现代桥梁之粹的巨大结构，做梦也没有想到在风吹动下简单地坠落，这个事故对桥梁界是极大的冲击。

著者川田忠树 1964 年到了塔科玛桥的现场，访问了华盛顿大学的法库哈森教授，了解了进行模型试验的过程和很早就考察塔科玛桥的振动对策、塔科玛桥坠落的经过，燃烧起追求“谁把塔科玛桥弄垮了？”的热情。

本书以和法库哈森教授的对话为线索，人们控制塔科玛桥振动的努力以及从众人环视中巨大桥梁扭转断裂的记述开始，还有桥坠落过程的记录和电影等等难得的资料，为究明吊桥的动力学稳定而收集的种种意见。

著者将本书的主题定为“谁把塔科玛桥弄垮了？”一直在追索其原因，也涉及安曼、斯坦因曼两巨匠作为竞争对手强烈地贯穿各自主张的故事，本书中有多处两巨匠挽救塔科玛桥的起伏跌荡的记载。

著者是毕业于东京外国语大学，其间在东京大学平井敦教授门下专攻吊桥的学究式技术者，也是承担川田工业株式会社的繁忙工作的副社长，尽管如此，他花了绝大精力写成本书，在此，对他的努力深表敬意。本来这种技术解说书是以事件为中心的，但本书也追踪人物，将事件的说明推向更广泛的程度，著者巧妙的表现手法和文学书也不同，相辅相成是本书的特点，作为少见的技术读物，请务必读一读。

昭和 50 年(1975 年)8 月 4 日

新日本制铁株式会社参与

工学博士　村上永一

目　录

1 和塔科玛桥的会面

塔科玛桥在美国西海岸的西雅图南约 50 余公里。西雅图是华盛顿州的第三大城市,人口约 15 万,在雷尼尔山国立公园的入口,是被一片绿色围绕的森林资源城市,面临太平洋深深切入的普吉特海湾,非常安静。

昭和 39 年(1964 年)8 月 2 日的午后,我的日裔二代朋友库斯密夫妇带着我,从西雅图开车向塔科玛,仅仅数小时前,满是最初到美国的印象,这里和日本有时差,多少感到身体困乏,但公路上引擎的响声却令人心情愉快。

"啊,那个塔科玛桥呀! 以前就听说过垮掉了……"

"嗯嗯,我记得是父亲告诉我的,电视也播送了,当时的电影也看到了。"

当时我们是以塔科玛桥为话题的,从华盛顿大学毕业后在波音飞机公司从事开发超音速飞机用的耐热材料的少壮的化学技师库斯密先生,虽然专业不同,但对塔科玛桥的事故却有相当的兴趣。

"那么知道法库哈森教授吗?"

我说:"当然了,因为不知道教授的家庭地址,所以想亲眼见见的信送到大学的收发室了,在日本出发之前,还未收到法库哈森教授的回信。"

库斯密夫人说:"不要担心,我明早去联系,拿上预约证给你,这是个好机会。"

问了问,库斯密夫人也曾在华盛顿大学文学部学习,现在华盛顿大学图书馆工作。

不大功夫,到了塔科玛桥的引道,这里简直就像公园一样,来往的车辆很少、像纪念碑一样的吊桥桥塔和周围景观非常协调,横跨海湾的桥梁给人印象深刻。

中跨 853m 的长度和日本 367m 的若户大桥相比,近两倍半,和关门桥 712m 相比,也要长 140 余米,是一座美观的结构物(照片 1)。

那时正是安静、沉稳的午后两点左右,和十多个小时前东京闹市的炎热夏天相比,完全是两个世界了。

就在这个地方,那么长的吊桥曾在风中舞动,像蛇一样痛苦地翻滚掉落,像海草的屑末一样淹没在海水之中的事件真得使人很难相信。

照片1 新塔科玛桥(现存)

旧塔科玛桥的垮塌并不仅仅是世界第三位的长大吊桥的事故。

仅仅建成四个月,基于最新的吊桥理论、集近代吊桥之粹的桥,在19m/s的风速下发生损坏直至破坏的异常原因,使世界桥梁技术者蒙受了巨大的冲击。而且旧塔科玛桥破坏的模样,被忠实地拍成了电影,作为新闻在电影院里公开上映,反响是很大的,事故发生后一周发售的工程新闻纪事附有垮塌时的照片,并作了如下的报道。

“风吹毁了塔科玛桥——11月7日接近中午,主跨853m的塔科玛桥被风吹毁了。

主跨的悬吊结构的大部分破坏并沉入海中,336m的边跨总算还残留着,主缆和塔无事,但边跨的偏载使得塔相当地倾斜,边跨的中央下垂了近10m。由于事先预测到了危险,封闭了交通,桥上极少有人,所幸无人员伤亡。

西雅图华盛顿大学的教授F·B·法库哈森当时还在桥上,他正在做如何能制止吊桥振动的一系列模型试验,当天为了记录吊桥异常的反应,到了现场指挥了电影的拍摄。

据报告,事故当时是19m/s的风速,实际上,更强的风吹来的记录也有,但那时桥梁并无损伤,而这次风使桥上下晃动,且慢慢变大至桥面产生了大的摇摆,变成了激烈的扭转振动。

首先主跨中央部分的加劲桁开始失稳破坏,而这之前下横构已经断裂飞走了,接着吊杆断裂,切断的吊杆端头超过对面的主缆而跳上高空,同时,数百米长的桥面,顺次向塔的方向破坏,结果是悲惨的,桥只剩了残骸。”

再引用相同杂志的报道。

“位于1280m的金门桥,1067m的乔治·华盛顿桥之后,排名世界第三的塔科玛桥,1938年10月动工,1940年7月完工。

塔科玛桥,在迄今为止所架设的吊桥之中,无论在纵方向还是在横方向,都是最细长的结构,左右主缆的间距仅有11.9m,与跨度之比为1/72,加劲桁高为2.44m,仅为跨度的1/350。

从构造上看,大体和主跨700m的布朗克斯白石吊桥相当,但是主跨更长,桥宽更窄，根据将来交通量推算的结果，和布朗克斯白石吊桥及金门桥的六车道、乔治·华盛顿桥的十二车道相比，只有两车道。

导致塔科玛桥破坏的振动，在吊桥完工之时就开始了，从那时起，就一直困扰着技术人员，观察和研究一直在持续。

同样的振动在布朗克斯白石吊桥上也出现过，但是振动小，上下的振动顶多不过数厘米程度，而塔科玛桥超过了1m。

为了制振，试了好多种方法，模型试验也尽力去做，布朗克斯白石吊桥由普林斯顿大学的E·K·泰比教授指挥，而塔科玛桥则由华盛顿大学的F·B·法库哈森教授担任。

塔科玛桥的模型全长16.5m，缩尺比为1/100，用电磁铁模拟风压相等的水平力或垂直力，是极为精巧的模型，这个模型可用相当的精度再现吊桥的行为，为此进行了必要的研究，附加了装置。”

塔科玛桥是华盛顿州筹集640万美元建设的收费道路中的一个节点，由地图可见，从华盛顿州西北部胡安·德富卡海峡直向南，140～150公里插入的普吉特海湾将陆地分割成东、西两部，这里叫作奥林比克半岛。架桥之前，人们不得不依靠船摆渡或绕南行百数十公里的道路(图1)。

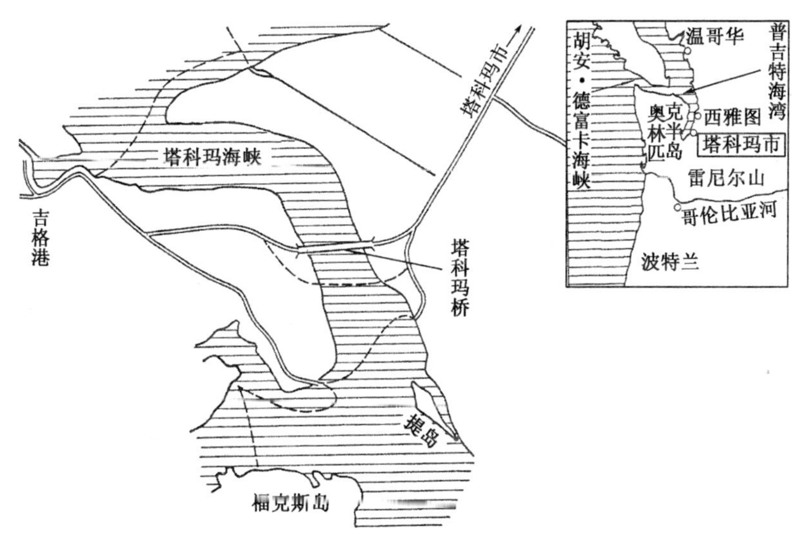

图1 塔科玛桥的架桥位置

普吉特海湾在塔科玛海峡处宽度仅有1400多米，是最窄的地方，因此，从这里架桥的愿望，很早就在当地的人们中酝酿开了。

2 吊桥建设的过程

1933 年开始了架设海峡连络桥的工作。

首先设立了塔科玛海峡连络桥桥梁公司(Tacoma Narrows Bridge Company),同时提出了几个桥梁方案,其中有悬臂桁架梁桥、多跨度吊桥,也有标准的三跨吊桥,不同方案的加劲方法各异。

1937 年州议会设立了华盛顿收费桥梁公司(Washington Toll Bridge Authority)。1938 年莫伊瑟夫被任命为技术顾问,进行上部结构的设计,他立刻将原设计的主跨由 793m 延伸到 853m,将加劲构造由桁架变更为桁。

莫伊瑟夫的设计主跨为 853m,两个边跨相等,为 336m,桥全长 1527m,桥面宽 7.93m,两侧各有 1.75m 的人行道,主缆中心间距为 11.9m。

1938 年 11 月 23 日开始了下部结构的施工。塔的基础是纵向尺寸为 20m,横向尺寸为 60m 的多柱式沉箱。

锚碇要有主缆通过斜鞍座的空间,是个很大的混凝土块体结构,东岸纵向 21m,横向 52m,平均高度 15m,西岸纵向 21m,横向 49m,高度约 17m,一个锚碇使用的混凝土约为 1.5 万 m^3。

1939 年 9 月,塔的基础完工,开始了塔和主缆的施工。

塔高 130m,是未用斜杆的刚架结构,图 2 所示的塔柱为十字形的箱室构造,塔顶两塔柱间的距离是 11.9m,向下逐渐扩大,塔基处为 15.2m,一个塔使用的钢材为 1926t,第二年(1940 年)1 月 6 日,塔的施工结束。

接着开始了主缆的施工,两根主缆都是用空中绕线法架设,一根一根张拉,332 根成一束,19 束成一根主缆,采用冷拔电镀钢丝,一根主缆重 3817t。

主缆施工耗时约 3 个月,1940 年 3 月 9 日完工。

其后工程进展极其顺利,同年 5 月 31 日加劲桁的架设完成,6 月 28 日混凝土桥面板和其他桥面工程全部结束,1940 年 7 月 1 日迎来了世界第三位的塔科玛桥的开通(照片 2),但仅仅过了四个月,1940 年 11 月 7 日就发生了可悲的事故。

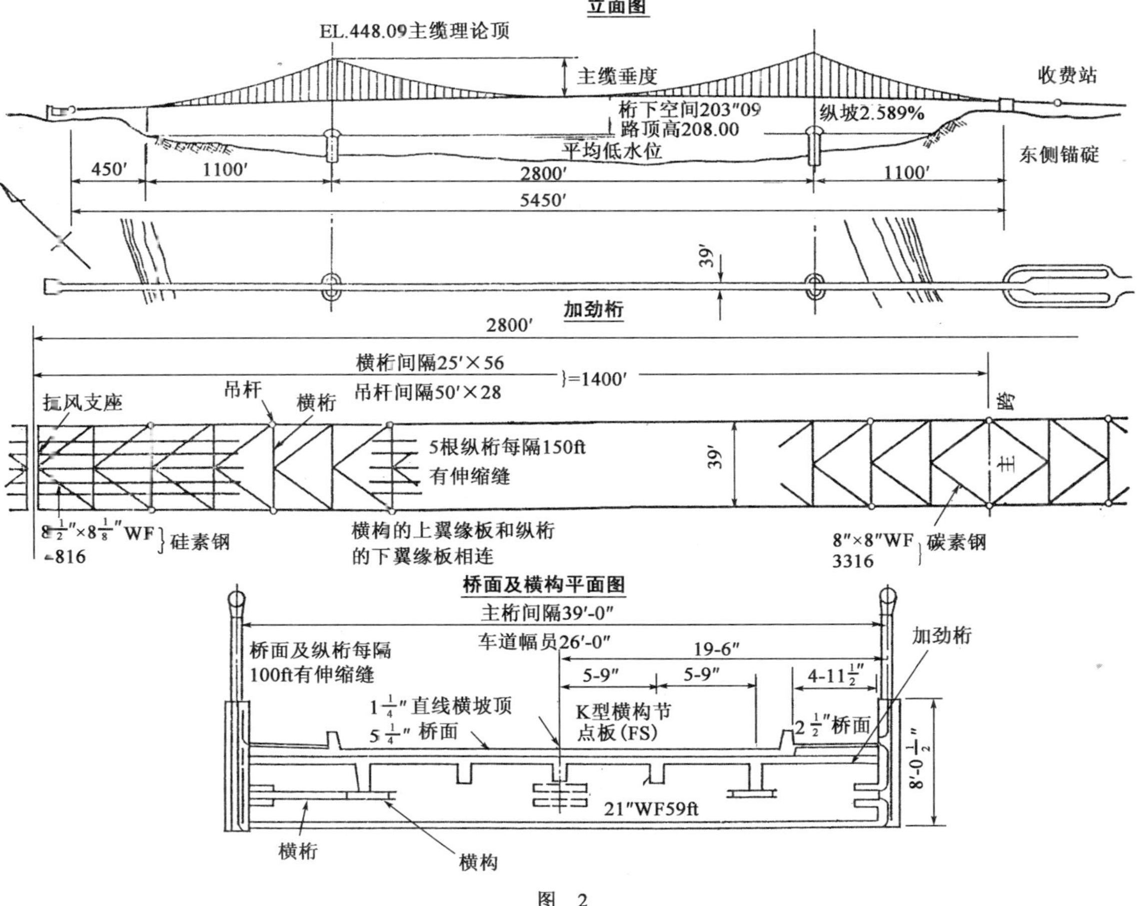

立面图
EL.448.09主缆理论顶
主缆垂度
收费站
桁下空间203"09
路顶高208.00
纵坡2.589%
平均低水位
东侧锚碇
450'
1100'
2800'
1100'
5450'
39'
加劲桁
2800'
横桁间隔25'×56
吊杆间隔50'×28
}=1400'
跨
抗风支座
吊杆
横桁
5根纵桁每隔150ft
有伸缩缝
39'
主
$8\frac{1}{2}$"×$8\frac{1}{8}$"WF
-816
硅素钢
横构的上翼缘板和纵桁
的下翼缘板相连
8"×8"WF
3316
碳素钢
桥面及横构平面图
主桁间隔39'-0"
车道幅员26'-0"
19-6"
5-9"
5-9"
$4\text{-}11\frac{1}{2}$"
桥面及纵桁每隔
100ft有伸缩缝
加劲桁
$1\frac{1}{4}$"直线横坡顶
$5\frac{1}{4}$"桥面
K型横构节
点板(FS)
$2\frac{1}{2}$"桥面
$8'\text{-}0\frac{1}{2}$"
21"WF59ft
横桁
横构

图 2

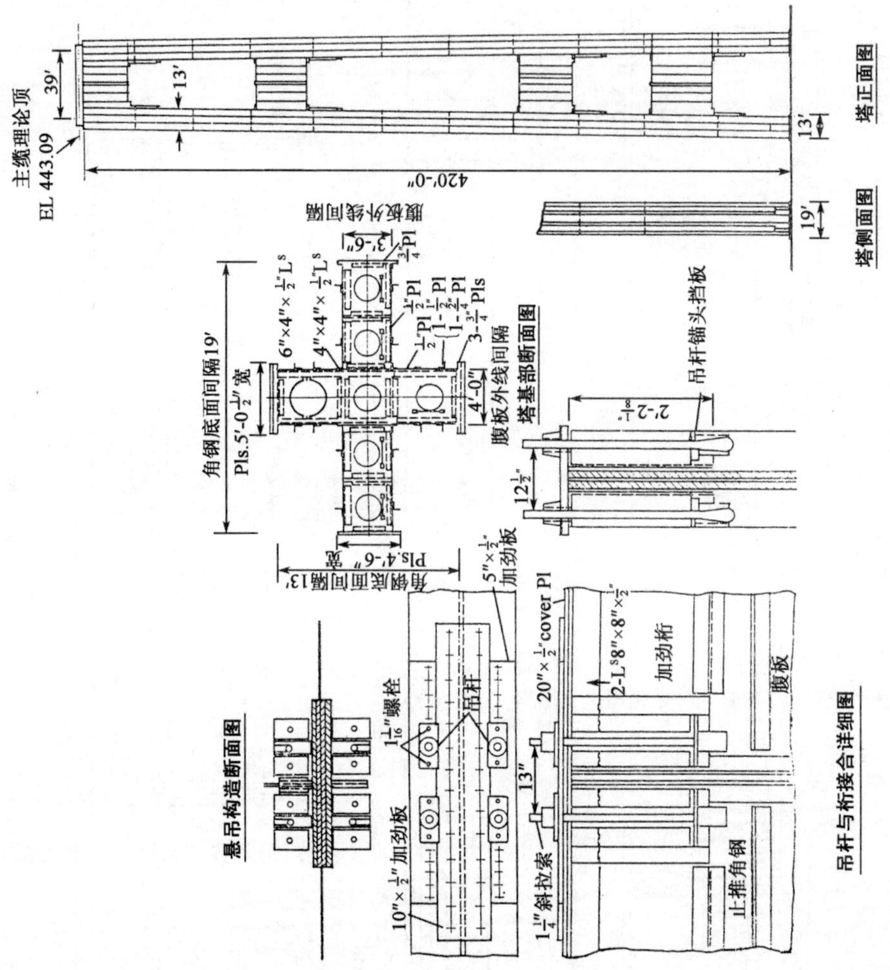

图2 旧塔科玛桥的一般图[尺寸单位：英尺（′），英寸（″）]

照片 2 塔科玛海峡和塔科玛桥

施工中进行的工程变更是，由于地基的原因东塔的基础比计划向下深了 7m；西岸的锚碇也是为了和地基的状况相一致，多少进行了变更；另外考虑节约钢材，对桥面系也进行了稍许的变化。

前两个与其说是变更，还不如说是改善，现场指挥的技术者们根据实际情况处理是理所当然的，而且这次事故中也无损伤，证明了这样的处理是正确的。

那么，桥面系又怎样呢？

其实变更本身对制振是有利的，如图 2 所示，变更后的桥面系增设了 K 形桁架，由此在桥的轴向可以承受每米 925kg/m 的风荷载。

事故最激烈时，主跨横桥向的挠度为 50～60cm，这个状态下还可确保 10 倍以上的安全率。

现场的施工管理由 C·M·埃尔德里奇指挥的技术者直接担任，材料及制作的品质管理由匹兹堡（P·T·L）试验所进行，上面的机关是华盛顿州的公共事业局，由 G·A·格雷戈里和 D·L·格伦担任主任监督官，以后又加上了华盛顿大桥工程计划的 L·R·德克。

塔科玛桥的事故，当时的桥梁技术者是怎样制止的呢？工程新闻纪事上登载的论说，明确地说明了。

事故发生后的两周，即 1940 年 11 月 21 日，同纪事以题为“风的动力作用产生的事故”发表了论说，以下抄录该文。

“塔科玛桥的事故是桥梁史上最惨的事，这个事故不能防止吗？这个事故没有什么迹象吗？理应有的防范没有做吗？是不是应该追究谁的责任呢？

经桥梁界最高权威的手而实现的桥，无论设计还是施工都是充分注意了。

至今事故是被忽视了。还不如说，那些没有考虑的重要因素：预想外的力、预想外的反应对塔科玛桥，这座例外的吊桥起到了控制作用，使其发生了事故。……（中略）……

所幸的是过去数月，法库哈森教授一直在研究这个吊桥，制作了模型继续了解桥的反应，配合现场的调查，明确了事故的全貌。

结果显示了没有阻尼的吊桥反复力逐渐累加，达到极度的共振以至破坏。

再考虑风洞试验的成果，吊桥的反应在很多点上酷似飞机机翼的颤振，一般弹性结构物，即使给予的外力很小，但只要以适当的周期持续的话，就会发生共振或共鸣现象,和风有关的极容易挠曲的结构,最易成为共振的饵食,其理由是能够挠曲的范围大,风的周期能量可能更多被吸收的结果。

塔科玛桥就是极易挠曲、薄的、宽度窄的带状的悬吊结构,桁高仅有2.44m,而一跃跨过853m的长度,其实就像有生命的物体上、下摇动。

事故的当日,上、下运动转化为扭转振动,是明显的加劲不足达到了极限,增加了激烈的程度。

虽不能确定扭转的发生是由于风的涡旋?还是加劲桁的两侧或两根主缆的刚度多少有差别?但重要的是,一旦扭转振动发生,由于空气力的反平衡,更加速了振动,是不可争辩的事实……(中略)……

实际上塔科玛桥的悲剧多少是有预告的。千岛吊桥、鹿岛吊桥,布朗克斯白石吊桥三座吊桥都有同样的倾向,但哪一座桥,其摇动都很小可忽视不计,用简单的制振装置就能制止摇动,已经过去好几年了,并没有发生什么特别的事故,一直都在平安使用。

这回长而轻的塔科玛桥的事故,说明桥梁技术已不能仅用静力学来处理,对人们的警告是应该充分考虑动力学的反应及空气力学的影响。

因此弹性的模型、风洞、共振及阻尼的研究,对桥梁技术者来说是必须的,在研讨极度易挠曲的结构物时,必须要进行动力稳定性的校核……(后略)……"

事故的原因潜伏在预想之外,是当时的桥梁技术者全然没有考虑的。

风的动力作用、颤振现象等等,对桥梁技术者来说都是耳目一新的词汇,吊桥发生了"反复力逐渐累加,达到极度的共振"引起破坏。

那是"没有考虑的重要因素:预想外的力、预想外的桥梁反应,对塔科玛桥,这座例外的吊桥起到了控制作用",因此,"也不能责备谁"。

真是那样的吗?事故真的难以避免吗?总之,这是当时的桥梁技术者一般的认识。

3 法库哈森教授

由于库斯密夫人的尽力安排，在看完塔科玛桥的第二天，即8月3日的午后，我到华盛顿大学访问了法库哈森教授。

无论如何想见法库哈森教授的一个理由是，教授是塔科玛桥事故的当然不可替代的目击者，其实，还有一个强烈的愿望激起我想见他，那就是塔科玛桥的事故，好不容易在当时的技术者中已能预测到，且抱有最强烈的危惧感的就是法库哈森教授。

我的推测是根据N·A·鲍尔斯所写的报告《模型试验显示了塔科玛桥空气力学不稳定》（工程新闻纪事1940年11月21日）得出的。自拿到报告后，想见到法库哈森教授就成了我的心中一直挥之不去的想法。

N·A·鲍尔斯是工程新闻纪事西海岸的编辑，他也去了塔科玛桥的现场，一定也和法库哈森教授会面了。报告是在事故发生后的第二周周末登出的，和前一章介绍的关于事故的论说出乎意料地登在同一期杂志上（工程新闻纪事是周刊技术杂志），其中，鲍尔斯这样叙述：

“过去的11月7日，华盛顿州塔科玛市郊的塔科玛桥因激烈振动和反复扭转而引起主跨853m垮桥的惨事，其实是脱离常规而不稳定的。建设当初，就像蛇一样的爬行，为了制止吊桥的令人可怕的振动，做了一系列控制努力后，最终还是打上了休止符。钢制的桥塔建成之前，纽约的布朗克斯白石吊桥也有说桥摇动的传言，因此，在塔科玛桥建设的技术者中，直接做精巧的模型进行试验的意见高涨，华盛顿大学的法库哈森教授被委托做此试验。”

但是在1940年夏天进行的，由法库哈林教授指导的试验的结论是，将塔科玛桥的摇动抑制到没有是非常难的。

进一步，最近花费两个月时间所做的风洞试验明确了这种形式的吊桥在空气力学上是不稳定的，因此，作为对策将加劲桁流线型化或添加别的特殊构造，各种各样的方案都有。

但是,事故就发生在这些方案尚未得出的结论之中……(后略)……"

这和同杂志登载的论说的语气完全不同。按照鲍尔斯的讲述,塔科玛桥的缺陷在1940年的夏天就已经明确了,为确定对策的风洞试验至事故当日花费了两个月时间。

法库哈森教授是知道的。

不仅是法库哈森教授,和塔科玛桥有关的桥梁技术者也好、设计者莫伊瑟夫也好,都知道这个事实,空气力学不稳定性等词汇,对他们来说,绝不是什么新鲜话,因此才进行了为期两个月的风洞试验。

法库哈森教授不仅是在现场的人,还叫来了专门的摄影师拍摄塔科玛桥逐渐破坏的过程,而且在其后紧接着出版的杂志中登载了"酷似飞机机翼的颤振现象而破坏""应该充分考虑空气力学的影响"等等,未加说明地使用了颤振啦、空气力学啦这些词汇。是不是手法太好了?"至今无视……预想外的力,预想外的举动"作为事故的前言,听起来离得很远。

那么,法库哈森教授知道什么呢?那时,明白了什么情况?实际上我是很想知道那时的情况,才去找法库哈森教授的。

塔科玛桥的事故"是在各种各样的结论尚在研讨之中发生的"。时间再充裕一点的话,塔科玛桥悲惨的事故是不是能避免呢?……

例行的自我介绍之后,我讲了上述来访的目的,法库哈森教授听了我的话,煮了咖啡请我喝,平静地开始了谈话。

照片3　法库哈森教授和著者
[昭和39年(1964年)8月3日在华盛顿大学校园]

"正如你所说的,我一直担心塔科玛桥是否会破坏?1940年夏天进行的风洞试验结果是使人绝望的,急急忙忙寻求对策,又进行了一系列试验,那就是鲍尔斯所记述的那样。

设计者莫伊瑟夫后来变得有些神经质了,开始的时候是相当强硬的。

看看莫伊瑟夫,他当然是充分考虑风的作用的。我想你也知道,他以前发表过作为风荷载的理论公式的弹性分配法。而且当初我和塔科玛桥相关主要就是用试验验证他的理论公式。

这个试验当时是世界注目的应用电磁铁施加横荷载,但是我想你能理解,这个试验是在静力荷载的范围之内。

但是突然有布朗克斯白石吊桥（照片4）摇动的传言，这座桥比塔科玛桥早一年左右竣工，和塔科玛桥非常相似，为了浇注混凝土桥面板，在立模板、放置钢筋的时候就开始摇动。

照片4 布朗克斯白石吊桥

由此，塔科玛桥在加劲桁开始架设之前，始终抱有塔科玛桥可能会摇动的悬念，莫伊瑟夫本人总是想采取什么措施。

莫伊瑟夫采取的措施有两个，其中一个是6月1日在桥的中央，将加劲桁和主缆用两根ϕ38mm钢丝绳呈倒V形连接起来，即所谓的中央扣（center tire stay）；另一个则是6月28日将塔和加劲桁连接起来的油阻尼器。可参照图3，都是为了赶在7月1日通车而安装的，设计是采购的便宜货，阻尼器的活塞杆间填进了砂、马上就不能动了……

桥完成后，由于桥还在摇动，10月4日开始的7天内，如图3a）所示在离两侧锚碇的100m的位置，从地面向上拉了称为锚索（hold down cable）的拉索。

由此可见，设计方绝不是感觉迟钝、无所作为的。”

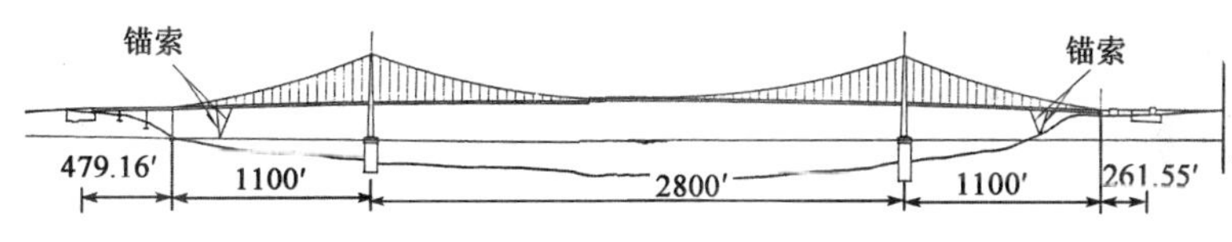

a)边跨的锚索

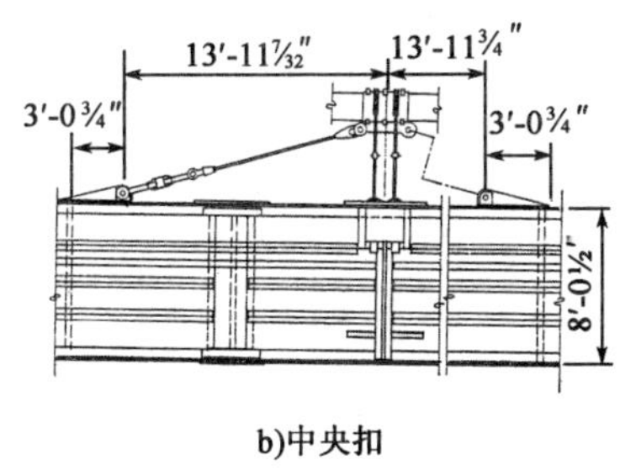

b)中央扣

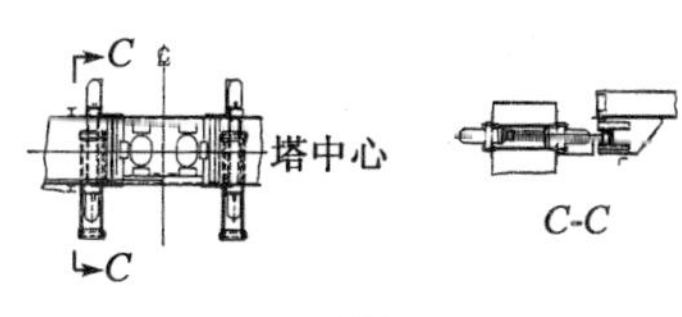

c)油阻尼器

图3 旧塔科玛桥的制振装置［尺寸单位：英尺（′），英寸（″）］

▶▶▶ 4　风洞试验告诉我们的

全神贯注的我一直在听法库哈森教授的话。

法库哈森教授绝不是雄辩家那种人，时常从文件中取出资料，淡淡地继续说的内容本身使我无法离开。

当年夏天的风洞试验首先明确的是，塔科玛桥的桥面构造在几乎水平风的吹动之下非常不稳定。

所谓风洞，简单地说是在指定的空间内，让空气流动的装置，需要采取措施使风的流动是一定的，普通在隧道状的被覆中，空气是循环的。塔科玛桥的风洞试验就是在图4所示的华盛顿大学的风洞中进行的。

风洞中的模型，如照片5所示是宽60cm，长2.4m的节段模型。

为了了解物体受风的反应，将风的作用力分解为三个分力。

例如风筝在空中漂浮时，风是压向风筝而流动的。

风的作用方向所受的抵抗称之为“阻力”，风筝由线绳索引，和阻力成直角方向而向上的力称为“升力”，升力就是使风筝飞上天的力(图5)。

有的时候，线绳没有安好，破坏了和风作用力间的平衡，风筝就开始了回转运动，这时产生回转的力称为“扭转力矩”，阻力、升力、扭转力矩总称为风的三分力。

风筝的面和风吹来的方向间的夹角称为攻角，攻角的大小与风的强度以及对风筝的上升有很大的影响。

风洞试验一般测定的对象是风速、攻角和三分力的关系。

三分力的大小和风速、攻角有关外，还随受风物体的形状而变，高速行驶的汽车和飞机多为流线型就是这个道理。

因此，阻力和升力考虑物体的气动外形构成阻力系数、升力系数，而且由试验求出来的这些系数，可以判断物体的空气力学的稳定与不稳定。

当然1940年夏天，法库哈森教授进行的一系列试验就是向这个方向努力的,但是其结果却是明确了旧塔科玛桥已落入了悲惨的、致命的缺陷。

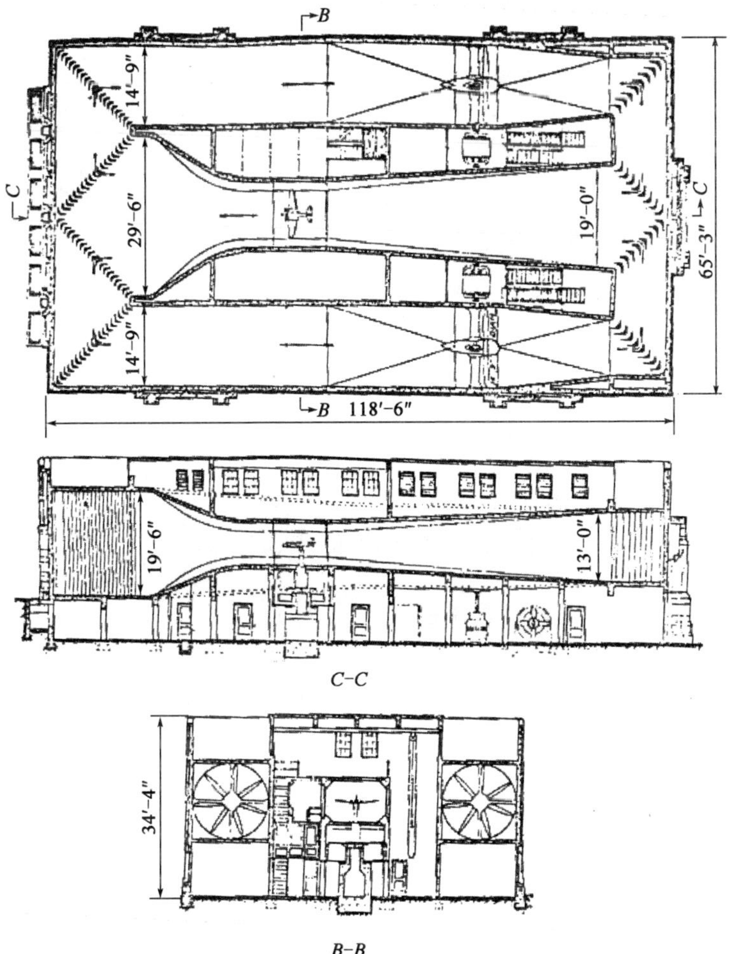

图4　华盛顿大学的风洞(节段模型用)[尺寸单位:英尺(′),英寸(″)]

法库哈森教授逐渐展示了试验数据和图表,从中选出一张比较容易理解的如图6所示。

图6A所示的是旧塔科玛桥节段模型风洞试验的结果,攻角从-10°到+10°,升力曲线取什么值如实线所描绘,像正弦曲线一样,攻角0°的附近显示了升力曲线负的变化率,反映了空气力学的不稳定状态。

“攻角为0°,也就是大体上是水平风,塔科玛桥的可能危险如图6所示。再稍微仔细一点说,从-2.5°~4.5°的范围内吹风时,塔科玛桥是空气力学不稳定

a)旧塔科玛桥

b)流线型化

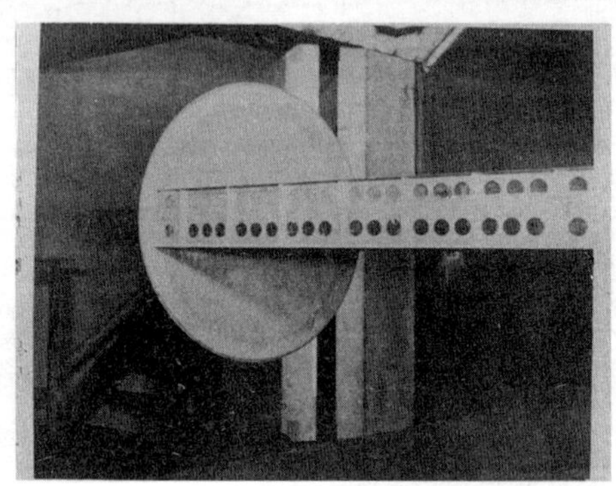
c)开孔

照片5　旧塔科玛桥的风洞节段模型

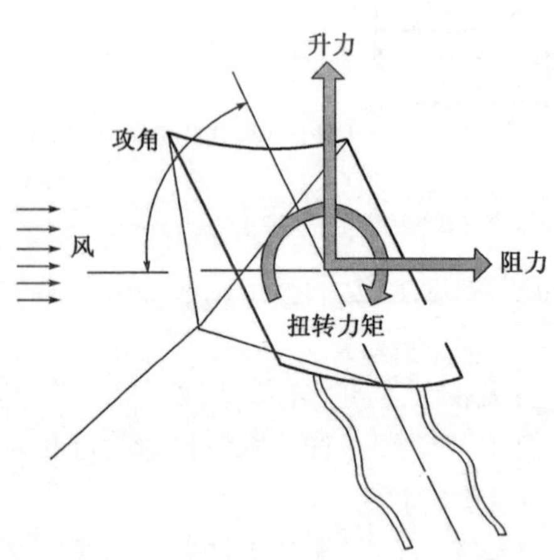

图5　风筝的受力

的,这是这个图所示的意义,也正是我从风洞试验得出的结论。"

到恐怖的垮桥已有明确的逻辑关系,并不仅仅是桥的摇动导致坠落,这时,法库哈森教授已明确了这点。

"这样一来,已经明确了塔科玛桥的缺陷,应该怎样处置呢? 成了极大的问题。

无论如何,桥已经建成,车在其上行驶,事态是很着急的。

其后决定在两边跨的地面向加劲桁上张拉锚索(hold down cable)……"

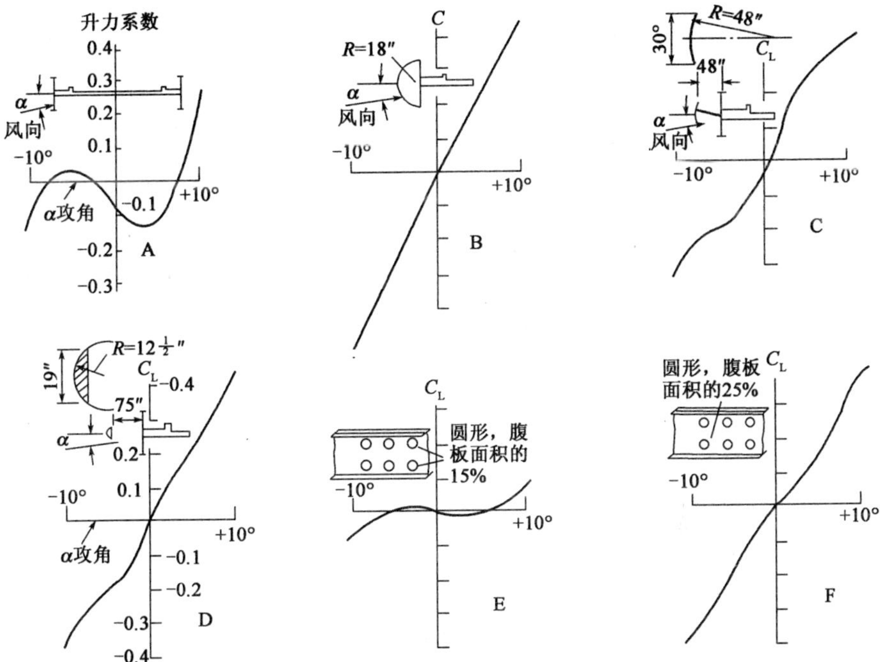

桥梁模型的风洞试验明确了桥梁的空气不稳定性。

A～F是由攻角变化对应的原桥和经修正后的5种桥体，共计6种的升力曲线，升力曲线为负斜率时是危险的。

A是原桥，B是增加半圆风嘴，C是附加长为30英寸的圆弧板，D是附加长为19英寸的弓形风嘴；E为在桁腹板开圆孔面积为15%；F为在桁腹板开圆孔面积为25%。

风对于桥面向上作用或对水平风桥梁外缘向上升为正攻角，风从上向下作用或对水平风桥梁外缘向下压时为负攻角。

图6　风洞试验的结果[尺寸单位：英寸(″)]

从塔顶斜向加劲桁张拉的称为塔索(tower cable)，为什么莫伊瑟夫不喜欢塔索？今天以我们的眼光来看，塔索似乎不太有效果，边跨上设置的锚索已足够了。

莫伊瑟夫相信："多少会产生摇动，但桥绝不会坠落！"

对设计者莫伊瑟夫来说，这是他所考虑的要点，莫伊瑟夫感觉到小的节段模型的风洞试验结果，未必能反映实桥的情况。

当然法库哈森教授对自己得到的试验结果的重要性是有充分认识的。

试验结果显示，旧塔科玛桥的桥面构造扰乱了空气的流动，产生了大的涡旋。法库哈森教授为了解决事态而确立了下述方针，并且进行了一系列的试验。

(1)为了使气流光滑平顺，仿照飞机骨架上的圆弧，设置风嘴和加劲桁的外侧相连接。

(2)空气的涡,尽可能地不要大,因此:① 加劲桁的外侧隔一定间隔设风嘴,空气流动产生的涡尽可能地小。②在加劲桁上开孔,使空气的流动变得平顺(加劲桁的桁架化)。

这些方法,分别都是有效的,图 6B ~ F 的试验结果如实地反映了这些措施的有效性,但是应该注意的是在加劲桁开孔时,其开孔少的话,则难取得效果。

图 6E 中的开孔面积占腹板面积的比率(称之为开孔率)约 15%,具有良好的倾向,但并不完全,在攻角 0°附近升力曲线是负斜率,还残留着不稳定现象,开孔率达到 25% 后,再也看不到不稳定的区域,是极其稳定的状态。

图 6 中结果没有画出来,采用 25% 的开孔率时(图 6F),可以上下两排开孔;也可以开一排,孔开大一些,孔可以开在正中间,也可以向上偏离或向下偏离,结果是不论哪种方式都不如上下两排开孔的效果好。

以上是当时风洞试验的结果,法库哈森教授请来了莫伊瑟夫,不管采用哪一种方法都可使塔科玛桥稳定,耐心地讨论研究。

法库哈森教授认为风洞试验加劲桁开孔的成果,虽然可以期待充分的效果,但从经济和美观方面考虑,最终选择了图 6 的 D 方案。具有讽刺意义的是,塔科玛桥坠毁的那一天,恰是 D 方案开始作业的那一天。

"旧塔科玛桥预定安装的风嘴用木材制作,高约 48cm,外侧有 32cm 的曲率,呈弓形,在加劲桁的 1.9m 的外侧,由钢制的构件相连。"

5　涡的恐怖

这里就“涡”具有的意义稍加说明。

法库哈森教授所说的塔科玛桥破坏的一个因素是“桥面构造不必要地将空气流动搅乱，产生了大的涡旋。”最初我自己并未在意。800m 以上的大吊桥制止摇动的装置，仅仅是 30cm 厚的木质构造，总感到难以接受，为了消除我的怀疑，法库哈森教授拿出了一组照片放在我的面前。

“川田先生，你可能对空气的涡还有疑问，它就能把桥破坏？

实际上，当时的技术者也在考虑同样的问题。不说台风、龙卷风等特别的风，每秒 19m 程度的风到底有怎样的作用？又是怎样将气流搅乱的呢？

为了解明这样的疑问，无论如何总要用眼看见，视觉上能捕捉上才行，因此进行了几个试验。”

这里给出初期试验中的一个成果，如照片 6 所示的一组照片。

这是 1941 年夏天在麻省理工学院杜威博士指导下华盛顿大学的希路导纳讲师进行的试验结果。

试验所用的流体不是空气，而是水，混入加利福尼亚州产的特殊的黏土（加州膨润土）成胶质液体，可以成功地实现流线可视化。

这组照片左侧的数字表示攻角，上侧的数字表示流速，放置在黏性水流中的是塔科玛桥百分之一的缩尺模型，加劲桁高约 2.4cm，宽 12.2cm，导水槽的尺寸是宽 12.7cm，深 9.5mm，胶质液体的黏度是蒸馏水的黏度的 2.2 倍，标准温度为 20℃。

“空气的流动和水的流动，要说不同也是有不同，但从照片可知，流动怎样被搅乱。一看照片就明白了，流速低的时候，可以看到整体的搅乱，超过某个速度，涡开始翻卷，而且涡的方向和攻角正负恰恰是相反的，这个试验明确了，实际的塔科玛桥，肉眼虽然看不见，但这样的涡的发生是容易推断的……”

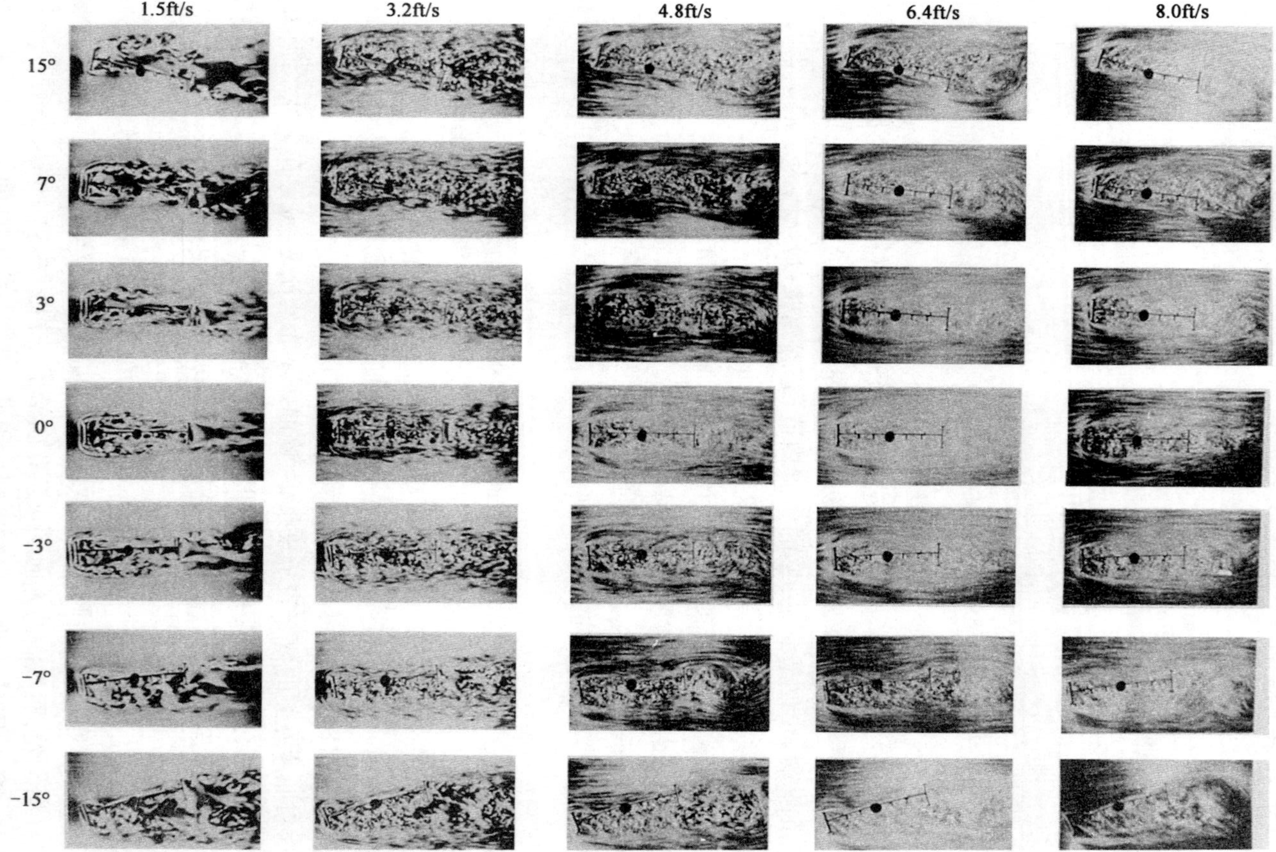

照片6　流动的紊乱试验[单位:英尺/秒(ft/s)]

受到试验成果的鼓励,想要更深入地进行试验,探索桥在摇动时涡的发生状况,但在上述胶原液体的流动中,受溶液密度和黏度的影响,得不出好的试验结果,因此在大型风洞中,进行了全桥气弹模型试验。

“请看,这两组照片就是利用全桥气弹模型的试验结果和塔科玛桥在坠落时相同振动时拍下的照片。”

照片 7、照片 8 各有两张,我至今都不能忘记当时给我留下的强烈印象,实在是太强烈了,不由得“啊”了一声,把呼吸都屏住了。

a)

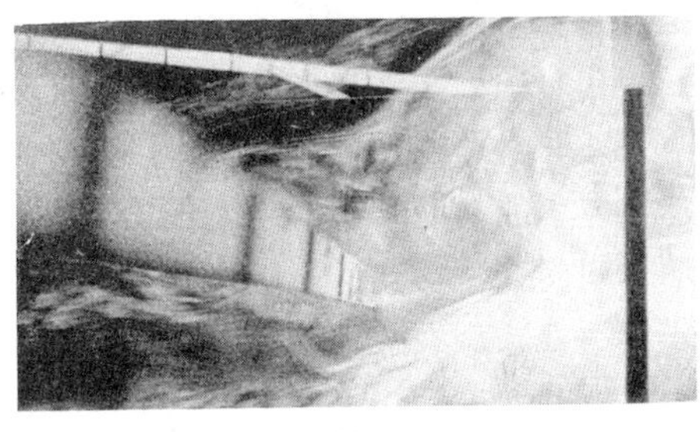

b)

照片 7　扭转振动的涡

a)

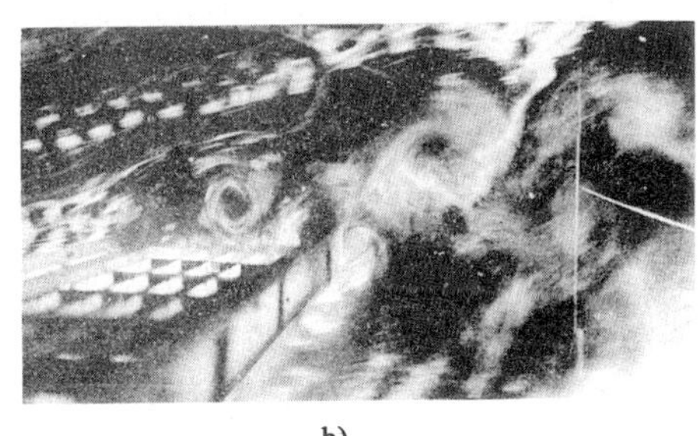

b)

照片 8　上下振动的涡

“照片 7 是第一次反对称扭转振动时拍的,主跨中央不动的点称为节点。

风速每秒 8.25m,模型的频率每秒 1.35 次,双边扭转振幅大约是 24°。”

照片 7a)表示风下侧的加劲桁达到扭转极值时的情况,发生的剥离涡的形态,可以很好地显示。

照片 7b)是在照片 7a)紧后连续拍摄的,比刚才的涡更加发达,这个涡早半个周期(180°)由风上流的加劲桁的上端发生,详细地显示了互相干涉的状态。这时风上流和风下流的涡的翻卷刚好相反。对这一点,我是极其注意的。照片 8 是对称二次振动的上下振动,没有伴随扭转振动。

风速每秒6.9m,模型的频率每秒1.4次,上下最大振幅11.5mm,照片7、照片8是连续拍摄的,涡发达的模样,非常容易明白。

"真是的,这样一看,气流的涡旋真是十分可怕呀!"

我将照片还给了法库哈森教授,屏住了呼吸,嘴里不知嘟嘟囔囔地念叨些什么。

"好不容易你也明白了,涡的可怕、涡所具有的意义,由于涡的产生,搅乱了气流,由于作用与反作用的关系,涡产生的气流的力影响了吊桥,能量逐渐积累只能和重大的事故相连了。

还有模型和实桥并不是完全一致的,我想消除误解再多说两句,在这个试验中,并不是模型由手摇动的,而是在风速6.9m/s时,对称二阶的上下挠曲振动自然发生的,到了风速8.25m/s,则开始了反对称的扭转振动。照片是让振动不随时间而变化拍摄的。……"

法库哈森教授恳切、耐心的说明,使我终于能够理解涡的可怕了。为了使大的涡旋不发生,飞机做成了流线型,还有塔科玛桥的模型也在加劲桁横向两端安装圆形的风嘴或者在加劲桁的腹板上开孔,其结果,这些措施带来了图6所能看到的效果。

单纯的气流紊乱并不可怕,可怕的是涡的翻卷,如照片7所示,交替变换方向,具有一定的周期,反复发生才是可怕的,安装48cm的木质结构就在于防止这样大的涡产生。

风的流动最初是小的紊乱,即使气流发生大的紊乱,若能防止交替产生的涡的话,其措施效果也是明显的,塔科玛桥采用的安装风嘴的方案,是最经济、完全的制振方案。

法库哈森教授的风洞试验结果,对刚才的问题做了解释。

6 卡门涡

我没有想到那一天在法库哈森教授家待了那么长时间。

本想 1 ~2 个小时，却费了半天时间询问法库哈森教授，说完了话我本想去图书馆，没想到库斯密先生担心我，来到了教授的住宅，而且，过了 15 ~20 分钟，库斯密夫人也来了。

夫人敲门的时候，我正从法库哈森教授那里听关于涡的说明，教授制止了我们两人想早结束谈话的想法，因此库斯密先生也听到了法库哈森教授的说明。

“我所一直从事的研究，若能对以后架设吊桥的日本技术者有用，将使我感到高兴。”

分别时，法库哈森教授这样说道，和颜悦色地约好了明早见面的时间。那一夜我们过了华盛顿湖的浮桥，到了西雅图市郊外的贝尔维尤，库斯密先生已经不新的家。

专门制作的日本风格，库斯密夫妇自傲的日本扁柏木造的浴盆和宾馆中窄狭的淋浴不同，手足都可以伸直，连肩都可以泡在水中，真是一下子就把疲劳赶跑了。

洗完澡后，又喝了非常好喝的冰凉的雷尼尔啤酒，当时的日本，罐装的啤酒还很少见，外包装上印有积雪的雷尼尔山，好像呼吸到了清爽的凉风一样。

“那么，川田先生，那个涡的照片真是很可怕，令人不愉快。”

闲话结束之后，夫人又想起来了在法库哈森教授家看到的照片，开始对库斯密先生说。

“啊，那不是卡门涡的照片吧？”

虽说是化学技师，但因为是在波音飞机公司工作，库斯密先生的话一下子切中要害。

“卡门涡？到底是什么东西？”夫人问道。

“等一等，确实是有什么的。川田先生，稍微失礼一下。”

站起身来的库斯密先生去找东西,不大功夫就回来了,“有了,有了”拿了一册书回来了。

那是麦格劳·希尔公司出版的邓·哈托教授的《机械振动论》,说明文如下并附了图。

“卡门涡,是流体流过圆筒形的物体时,物体背后的流线不再平直,将产生如图7所示的涡。涡交替按顺时针或逆时针方向流动,以完全规则的形状从圆筒脱离时伴随着交替的横向力。这个现象由试验研究得出以下关系:

$$\frac{fD}{V} = 0.22 \qquad \text{(A)}$$

式中:f——频率;

D——圆筒的直径;

V——流速。

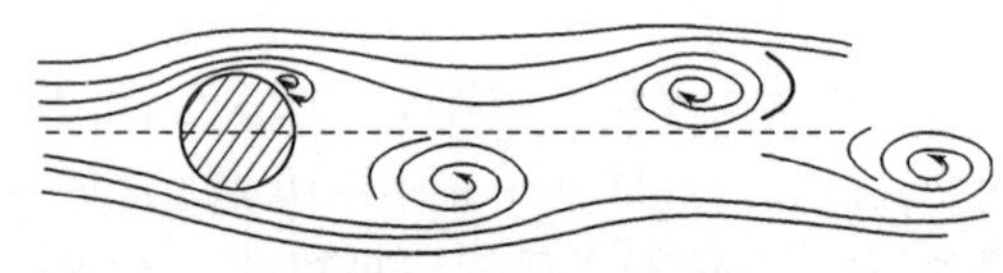

图7 尾流中产生的卡门涡

也就是在一个振动周期中,流体有直径约4倍半的前进速度,这个数称为斯脱罗哈数,0.22与单位的选择无关而决定的无量纲参数。圆筒的两侧发生交替的涡,将给圆筒施加与流动方向垂直,正弦变化的力……(中略)……

静止的圆筒产生的涡街的机理是自激的,这是因为圆筒前方并不存在气流的交替,而涡是由于斯脱哈罗数的自然频率而发生……(中略)……

事故在涡加振力的频率和物体的固有频率相一致时才可能发生,发生这样的事故的例子有输电线、潜水艇的潜望镜、工场的烟囱、有名的吊桥、大型的石油储油罐、小的雨滴等等。”(日冕社刊谷口·藤井共译)

“说什么呀? 不明白。”对夫人所发的牢骚,库斯密先生作了如下的说明。

“简而言之,例如在一定的速度流动的河水中有桩时,在桩后出现的涡以一定的间隔交替翻卷,规则发生哟。

涡发生的时候水开始紊乱,由此作用于桩和水流方向垂直的力,而且这个力按照一定的频率交替地改变方向,当其频率和桩的固有频率一致时,就引起了共振或共鸣。

共鸣的意思明白了? 日本有叫牛若丸的小孩用一根指头就能推动大吊钟,大力士虽然力很大可推不动,我小的时候,就听我父亲讲过。

大力士虽然以力大自居,但转来转去,却推不动吊钟,而幼小的牛若丸,用一根手指头就能让吊钟摆动,事实就是如此,大力士认输了。

那样的事真得有吗?可能想象不出来。实际上这并不是不可思议的,吊钟摇动一次的时间,称为周期,只要这个周期明确了,合上这个周期加力,纵然是用一根手指头加力,过段时间,吊钟就开始摇动了。

别说什么牛若丸了,我来干吧!

即使是小的力遇到像牛若丸的吊钟一样庞然大物,只要合着那个物体所具有的固定周期持续加力,能量就会逐渐积累显示大的运动,这种状态称为共鸣或共振。

刚才说到了水中的桩,涡的发生周期和桩的固有周期相近时,就会发生共振,出现危险的状态。"

卡门涡引起的事故,我们听到的多是烟筒。砖或混凝土制的烟筒,这样的事故不会发生。钢制的烟筒,特别是最近焊接的烟筒,和铆接的相比没有吸收能量的地方,更会使事情恶化。

例如据说直径 5m,高约 90m 的焊接烟筒,每秒 16m 的风出了事故,烟筒的固有周期约 1 秒,围绕外侧 180°的范围内出现失稳,产生裂缝。

再建新的烟筒时,在烟筒的顶端和地面之间,安装了图 8 所示的阻尼器制振装置,所谓阻尼器,是长约 1m 以上的两个大弹簧和货车常用的冲击缓冲器大型化后,和减振器组合使用的。

烟筒一旦发生振动,减振器开始前后移动,吸收能量,防止烟筒的破坏。

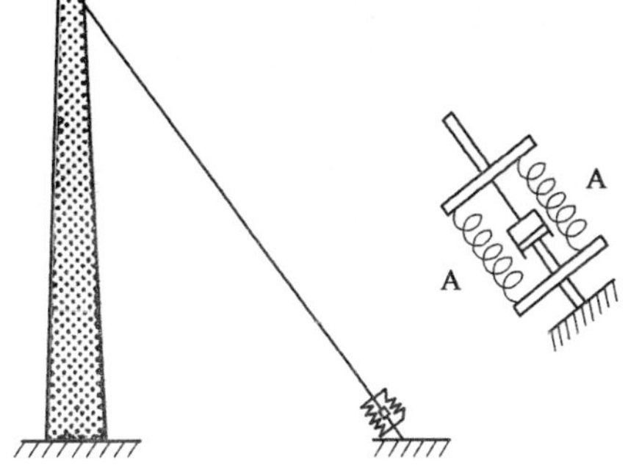

图 8　烟筒上安装的制振阻尼器

▶▶▶ 7　跳跃的格蒂

那天夜里的库斯密先生的话,给我留下了非常深刻的印象。

照片9　西奥多·冯·卡门

以出生于匈牙利的研究者西奥多·冯·卡门(照片9)命名的卡门涡的现象,说明塔科玛桥的事故有点牵强附会,我是从这一夜的谈话中知道的。

由卡门涡产生的其他事故是很有趣的,例如,潜水艇的潜望镜,直径200mm伸出长度7m,时速8km的时候产生卡门涡的共振,振动是很激烈的,通过潜望镜几乎什么也看不到。

由卡门涡引起振动的最大构造物是委内瑞拉的储油罐,这个储油罐没有顶,是一个直径45m,高约15m的圆筒形构造物。

储油罐完成之后,注入了1.3m高的海水进行试验,这时常有每秒13m的季风吹来,储油罐开始摇动,其中水的波峰和波谷之间的高差达2.4m,发生了定常的波,波长和储油罐的直径相等。

涡,这一夜我的头脑中全是涡。睡觉时,虽然不是在做涡的梦,可一直还在考虑,涡是怎样把塔科玛桥弄垮的呢?现在至少具体地了解一点了,对此我是很高兴的。

第二天早上9:30,按照约定,我再次访问了华盛顿大学的法库哈森教授。

教授已经把放映机安装好了,房间里充满了咖啡的香味。

"啊,请!"

法库哈森教授和昨天一样，将煮沸咖啡倒入杯中，自己也喝了一杯，在很多很厚的资料中翻开一页开始说。

1940 年 7 月竣工以来，不停地摇动，当地的人们不大功夫就给塔科玛桥起了个绰号，把它称为“跳跃的格蒂”。

格蒂是美国女孩最常用的名字，表示那个女孩常跳跳蹦蹦，不知休息的意思。

当年 11 月 7 日塔科玛桥因事故坠落，只有短短 4 个月的生涯。得到格蒂绰号的塔科玛桥，像穿着红色的靴子一样，持续跳，狂跳，直至生命终结。

塔科玛桥 从建成通车到最后垮塌共有 4 个月的时间，就观察一座吊桥的反应来说，4 个月的时间，绝对不短，这期间，观测小组经常出动，通过目测、经纬仪测量、16mm 胶片的拍摄，包括塔科玛桥破坏的几乎全貌全部都记录了。

8 月以后，为了便于观测，将间隔 30cm 的黄色和黑色分涂在 11 个照明灯柱上（照片 10），这是从塔科玛侧至跨度中央，标识仅仅限于桥的南侧，和主塔安装的标识相比较，就可以了解相对的变位量。

a)

b)

照片 10　旧塔科玛桥安装的标识

对于波数少的振动，即所谓的低阶振型，振幅的最大值可以正确地求出，这时不发生变位的点，即节点很容易找出，而波数多的高阶振型容易变化，计测就很难了。

因此观测小组分成两班，一班用经纬仪测振幅，另外一班用秒表数振动的频率，同时调查风的速度和方向。

在 4 个月的时间里，观察到的振动仅限于上下振动，导致塔科玛桥破坏的跨中有节点的反对称一阶振型的振动，是在破坏的当天突然发生的。

将观测到的振型归纳如图 9 和图 10 所示，图中对比了频率的理论值和实测值，而且将类型分类编号加以整理。但是图中都仅仅显示了上下振动，而且只限于现场观测到的可能的振型,除此之外还有几个振型,在其后试验和理论的计算上可以求出,但在现场很难观测到。

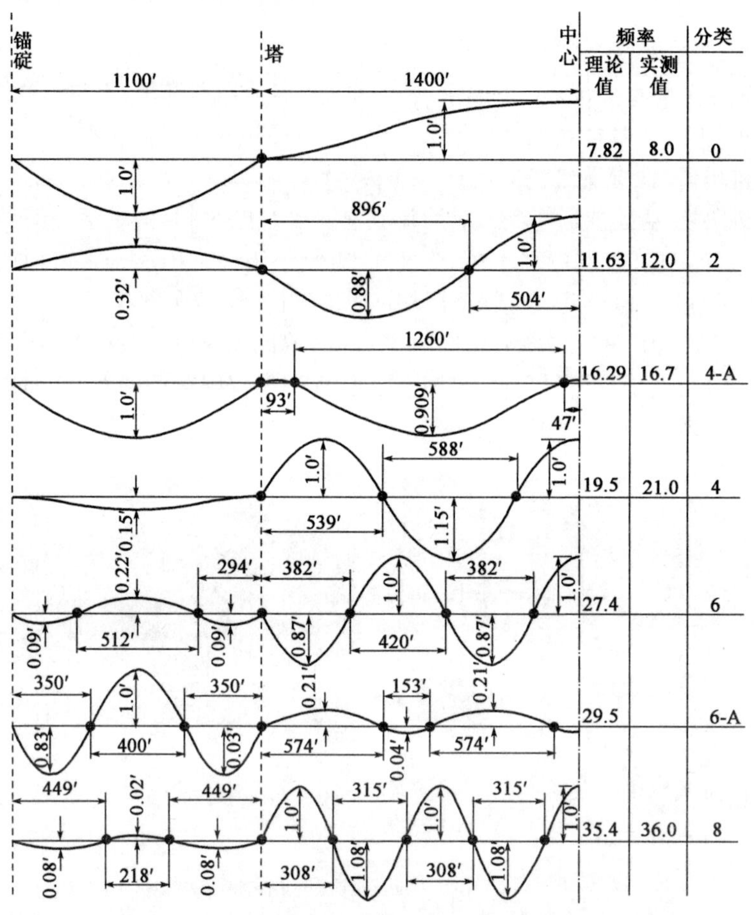

图9　旧塔科玛桥的铅直振动(其1对称振动)[尺寸单位:英尺(′)]

从电影记录看,事故发生的当天,至破坏前已有好几个小时持续吹来每秒15~22m的风,扭转振动发生5分钟前,吊桥以每分钟约36次的频率在摇动(图9)。

高阶振型之下,正确数出大体的振型本身就很困难,观测到一半时,扭转振动开始发生,实际上很难确定振动的振型是对称的,还是反对称的。但是以每分钟36次的频率推算,扭转振动发生之紧前的振型,恐怕是对称振型,考虑可能是图9中的类型8的振型。

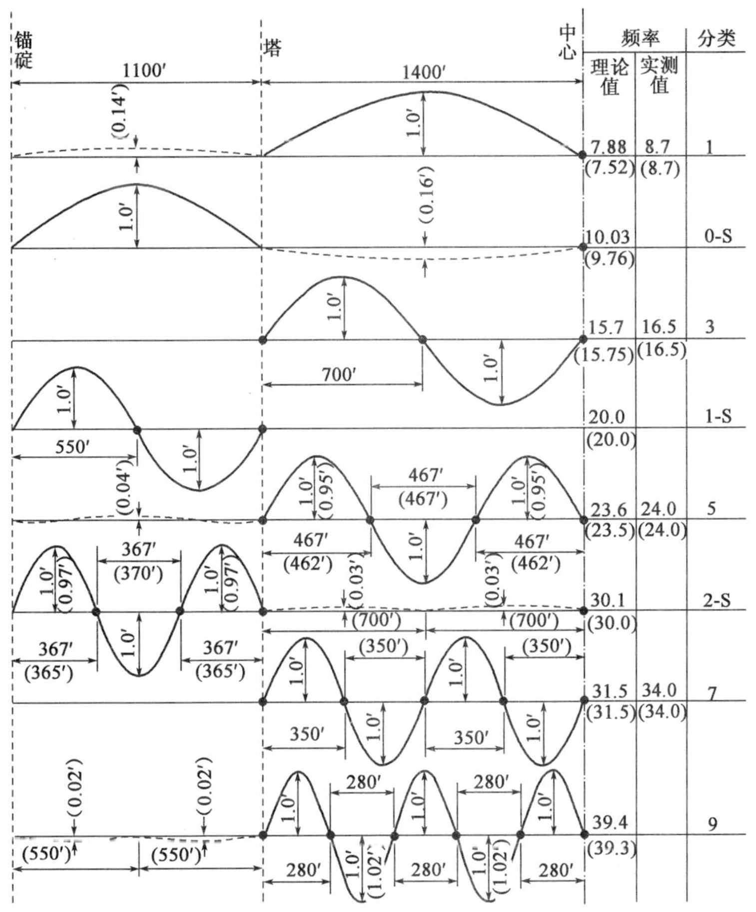

图 10 旧塔科玛桥的铅直振动(其 2 反对称振动)[尺寸单位:英尺(′)]

由于现场没有测定的时间,从留下的胶片来判断最大振幅的波峰和波谷间是 90cm。

现场记录的观测日志可以得出最频繁出现的振型是图 9 的类型 0,那时波峰和波谷间是 60cm,类型 2 的振型是不劣于类型 0 而常常能够看到的振型,波峰和波谷间的最大振幅是 80cm。

以上两种振动发生时,吹来的风并不是那么强,是盛夏时经常刮的风,实际上,观测日志开始之前,类型 2 的振动就发生过,那时上下振幅达 1.5m。

这样的振动发生时,从通过吊桥的汽车看,先行的汽车一会完全看不见,一会又看见了。

图 10 的反对称类型 3 振型,出现的次数非常少,图 9 中对称振型类型 0 及类型 4A 非常接近,在其后的风洞试验中,发生振动的风速差是每秒 0. 15m,在实桥上则对应每秒 2m 的差。

还有反对称的振型难以发生,最大的理由是在跨度中央安装了中央扣,这个斜索是有效的,普通吊桥最易发生的类型 1 和类型 3 的振动被抑制住了。

照片 11　旧塔科玛桥的扭转振动

前面已经说过,一直到事故发生当天,中央有节的反对称一阶的扭转振型的振动一次也没有发生过(照片 11),但在塔科玛桥坠毁的 11 月 7 日,振型的样子却有些变化,一个小时十分多钟,持续发生了伴随扭转的振动。

最初扭转振动开始的时候,照明灯柱倾斜,感觉有左右 45°的转角,后通过 16mm 的胶片确认,认为有 45°的转角是目测的误差,照明灯柱埋进桥面板的部分发生了破损,扭转角大约是 35°。

8　死亡的舞蹈(1)

快到尾声了，塔科玛吊桥坠落垮桥的瞬间已经很接近了，法库哈森教授喝完了咖啡，站起来把窗帘放下，拿出珍贵的忠实记录当时状况的影片，并且大体说明了事件的经过。

16mm的摄影开始的时间是当天上午10时左右，这时，当然扭转振动还未发生，前面已经说过，整个中跨共有9个波，像蛇一样上下晃动。

这样的晃动，几乎持续了一个小时，其间无甚大的变化，振动频率一分钟36次，观察到吊桥的横向挠度是中央分离带上涂画的黄色分割带宽不足15cm的4倍的程度，因此横向挠度约为60cm。

振动形态的变化，完全是突然发生的，桥面结构开始左右转动的扭转振动发生了，由多个振型组成的铅直振动，瞬间变成了两个波的反对称扭转振动(照片11、照片12)，从那时的观察位置的高度是绝对看不见吊桥的铺装面的，但像伸舌头一样却看见了，下一个瞬间又看到了下表面，是不是桥面变垂直了？令人不安，也看到了桥梁一鼓劲向上运动。

照片12　扭转振动发生30分钟时的旧塔科玛桥

“终于最后的时刻来到了，吊桥开始了死亡的舞蹈呀……”的想法，在法库哈森教授的脑中一闪而过，因此，为了记录这个决定的瞬间，鼓起勇气，令观测小组向边跨上前进。

所幸的是，伴随着激烈振动的扭转振动只局限在主跨范围之内，因此包括法库哈森教授在内，观测小组到了塔的紧后位置。

虽说边跨的扭转少，但在桥上进行16mm的摄影却是危险的，已经管不了这些了,进行了强行摄影,在跨中设置了固定点,观测到交互反向的扭转振动频率达每分钟 14 次。桥面车行道的受损情况未见到,但混凝土薄,变形量大的人行道已经开始破坏了,多数的车行道和人行道间的路缘石已经脱落,在每次扭转时,都甩到桥面的中央了,边跨和主跨间的伸缩装置以及路缘石破坏得很厉害。

人行道混凝土破损严重的地方,埋入的照明灯当然也很危险,法库哈森教授他们在塔科玛侧观测的时候,对岸的吉格港侧,就有一根照明灯柱落入海中,变成扭转振动之后,估计过了十多分钟,桥也开始沿桥轴方向运动,目测约有 50~60cm。

桥上有一台汽车,司机感到了过激的扭转振动带来的危险,刹住车跑了出来,把车扔掉了。

吊桥的主跨中央有节,反对称振型摇动桥的时候,跨度的四分点是振动最激烈的位置,汽车也是在四分点附近停下的(照片 13)。

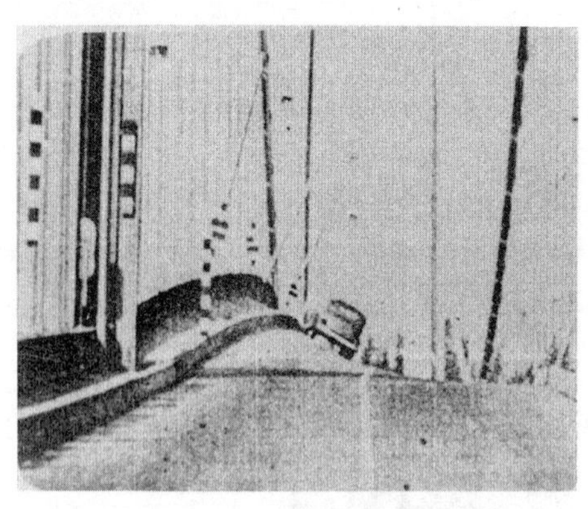

照片 13　桥面的扭转

车和桥可能会一起坠落,在振动稍微平稳一点想试着挪一下车,电影中可以看到,法库哈森教授东倒西歪地靠近了汽车。

“东倒西歪之中,想多少摇动会平稳点吧,但无论如何……”

结果是打消了想救车的想法,但至少车中的一条狗要救出来,可狗害怕,钻到车中不出来。“你看,狗当时已经吓傻了,害怕得成了惊弓之鸟哪。”

这样一说,我才注意到教授手上的小伤痕,从法库哈森教授眯着一只眼,伸出手的姿态中,悄悄地看出了教授的人品,一下子把我和教授拉近了。

这时,车也救不了,狗也救不了,而且回来时带着必死的想法,爬行回来的法库哈森教授不愧是科学家,还带回了几个贵重的观测数据,第一是桥的运动加速度接近重力加速度,而刹住的车,却滑下去了。

第二是主缆悬吊桥面的吊杆,确认了绝无超限的力加在上面,用手触摸,没有感到热,涂的漆也无剥落,还有在上下 8m 多的振幅之下,加劲桁本身,绝对没有超过极限应力。

以上两点是法库哈森教授亲自用肉眼确认的事实。

在这期间,剩余的人还在塔的附近继续观测,他们开始考虑桥面下防止桥的横摇的 K 字形桁架斜支撑已经断裂脱落了。

这时,风更强了,离对岸的吉格港近的桥面上,已经有几根照明灯柱坠落在海中。

“现在想起来,真的是非常遗憾,16mm 的胶片用完了,为了取新的胶片,只得暂时离开现场。

到收费站取胶片再返回的期间,有 10 ~ 12 分钟,这个期间,观测是中断的。

装上新的胶片后,再来到塔下,塔科玛桥摇动的方式已经发生了显著的变化。”

这时在反对称的一次中央有节的振型上,叠加了主跨为一个波形的振动,两个大的振动复合在一起,而且反对称一次的频率从未变化前的 1 分钟 14 次改变成了 1 分钟 12 次,复合在一起的两个振动,都是 1 分钟 12 次,频率相等。

接着,塔科玛桥整体横方向的挠曲也发生了决定性的变化,感到是横向挠曲的抵抗急剧地衰减,横摇的幅度变大了,其振幅、周期等参数具体的量测是不可能的,但明确的是 K 形桁架的破损更大了。

吉格港侧,已经有几根照明灯坠落海中,但在塔科玛侧,到最后桥梁垮塌的瞬间,照明灯柱并未损坏。

塔科玛桥的横向挠曲是怎样的呢?至少仅通过目视来看,仔细看加劲梁的外侧,吉格港侧的四分点,横方向的失稳已在加劲桁上发生,开始的失稳,是单侧,紧接着,在两侧相同的位置,相同的瞬间发生了失稳。

破坏的时间终于来到了。

9 死亡的舞蹈(2)

吊桥一旦破坏开始,就会直接联系到垮桥,因此,这里所述的事情,对法库哈森教授来说,所受到的强烈印象不可分地混入观测的事实,和至今为止的事件相比,也可能有欠缺正确的叙述。

靠近吉格港侧的四分点,加劲桁失稳,瞬间吊杆就飞出去了,断了的吊杆的一端向上跳过了主缆。

在四分点附近,加劲桁和吊杆发生的破坏,在向主跨的中央进行。这时部分的破坏停止了,四分点附近的桥面结构向海中坠落,溅起了一阵阵浪花(照片14)。

最初的部分坠落之后,至今可以看到的激烈振动消失了,暂时,吊桥的动摇停息了(照片15),紧接着振动又再发了,而且,这一次,还伴随着边跨相当的摇动。

a)

b)

照片 14

c)

照片 14

但这不是永久的状态，紧接着，主跨的最终破坏坠落开始了(照片 16)，其冲击相当强烈，边跨的观测者中就有人被摔倒。

照片 15

照片 16

第二次发生的破坏是彻底的，主跨的大半已经没入海中(照片 17)，因此，失去了主跨和边跨之间的荷载平衡，塔产生了人的倾斜，而剩下的边跨，如照片 18 所示有 10 多米的下垂。

吊桥的振动消失了，至今为止的激烈的振动像一阵风一样没了，桥安静了，光剩下了可悲的残骸(照片 19)。

当时在现场工作的华盛顿州的技术者克拉克 · H · 埃尔德里奇写有塔科玛桥事故的报告，法库哈森教授担心我有什么遗漏的，就将克拉克 · H · 埃尔德里奇的报告交给我，我抄译了该报告。

照片 17

照片 18

照片 19

"前夜至黎明时,吹来相当强的风,风多少停了一会马上又开始继续吹了,早上 8 点半左右,我像往常一样去了现场。

塔科玛桥只有东侧的边跨没有发生振动,主跨上是有 4 ~ 5 个节点的波形,西侧的边跨、为了紧急处置安装的锚索也振得相当厉害。本来,这是经常发生的事情,还有好几次更激烈的摇动,因此,也没有感到不安。九时左右到达了现场事务所,正好前一天的会议决定了尽可能早一点完成主跨的加劲桁加风嘴做成流线型的方案,有必要再看一看细部尺寸,我返回事务所后,立即拿来图纸开始了工作。

啊,已经十点多了,沃尔特 · 迈尔斯先生来了电话。立刻就和他一起去看桥,今天好像要坠桥的样子,有关塔科玛桥有什么异常已近危险的状态,我这时才知道。赶快乘上沃尔特 · 迈尔斯的车飞驶而去,到了码头可以清楚地看到吊桥的情况,吊桥主跨的摇动非常激烈,我从来没有见过一会儿看见桥的上表面,一会儿又看见桥的下表面的扭转振动的摇动,吊桥的主缆,不是两根一起上下,而是一上一下的呈反对称的状态,因此,桥面结构也变得倾斜,发生了扭转。

在中跨有相当距离的东侧,桥面上还有一台车。

在跨度中央的桥面结构几乎没有动,而呈水平的两侧的各一半,分别以桥轴中心反复扭转,我赶快回到事务所,开上自己的车向桥开去,此时,已经中止了一

切交通,桥上还有几个人,也慌慌张张地向桥外跑去。

我从东侧(即塔科玛侧)的边跨走到塔下,更试图走向主跨的四分之一跨度附近,东侧的边跨摇动还不算大,上下的振幅也只有数厘米的程度吧?

主跨的补强加劲桁的加劲杆件处,可以见到人行道的损坏非常厉害,和车道间的路缘石施工留下的接头处已见损伤,和加劲桁紧密黏在一起的人行道混凝土已经破碎,两者之间有10cm多的间隙,不停地在前后运动。而车道部分的混凝土桥面,并没有裂缝产生,而主跨的扭转却是很大的……由风产生的横向挠曲,却感觉不到,但无论如何,扭转时的倾角约45°,超过跨度中央的那一侧,正好反对称的扭转,跨度的中央的中心为中性轴,像拔软木塞一样,交替重复着激烈的扭转振动。

再返回塔的位置,和法库哈森教授会了面,教授把照相机架设好,拍了好多张照片。我和法库哈森教授一起待了一会,看见有不少好奇的人向桥的方向走来,也注意到有向东岸锚碇走去的人……

主跨同以前没有变,还是激烈的扭转振动,东侧的边跨却比较温和……为什么这时我并没有想到吊桥会坠落,是因为此时,风停了,激烈的运动也安静下来了,想早点从塔的根部向加劲桁张拉锚索,为今后这样的振动控制做个准备……因此回到了管理事务所,给伯利恒钢铁公司的弗里茨打了电话,要求一个技术人员配一个工人的组合,快点干……接着,我又呼叫了气象台,了解到气压在逐渐上升,午后风会停的……

这时,我已听人说主跨的加劲构件断裂飞走,混凝土桥面结构部分坠落,立刻从管理事务所飞跑出来,吊桥和刚才一样,主跨在激烈的摇动……我再次回到收费站的附近,在那里,目睹了加劲桁从中央开始坠落的样子。接着,又连续地向两边的塔的方向逐次破坏……

其后,和主跨部分的桥面结构的坠落相呼应,边跨也向下产生了大的挠度,塔一时还倒不了,但已向边跨侧倾斜了。

塔科玛桥坠落的时间,我自己不太清楚,以后别人告诉我是11时10分稍过一点……"

——克拉克·H·埃尔德里奇　华盛顿桥梁公司技师

我对照当时记录的胶片看埃尔德里奇的报告,多多少少有些不够准确的地方,但那样要求的话,就太苛刻了。当时的背景,加劲桁的防止涡的对策以及交通禁行、天气,作为现场的技术者来说,补强对策的措施等,是非常引我注目的。

▶▶▶ 10　中央扣

电影放映完了。

和法库哈森教授一起拉开了窗户的百叶窗，我拿出了从日本带来的香烟，放映中不能吸烟，好长时间没吸了，香烟的味道显得特别好。

法库哈森教授，不知道喝了几杯咖啡了，疲劳之中又喝了一杯。

“法库哈森教授，我有一个不明白的地方，可以问一下吗？”

短暂的沉默过后，我刚才挂在心上的事，无论如何不想让它藏在心里，还是说出来吧。

“啊，请说，请说，是什么呀？只要是我能回答的，不管什么都请问。”

教授和颜悦色地回答说。

“那么我就问了，为什么在那一天，塔科玛桥发生了扭转振动？

您之前说过塔科玛桥在竣工前已经有四个月时间的持续摇动，据说 11 月 7 日事故的当天，有更强的风吹来，那时也没有扭转振动，为什么仅限于 1 月 7 日，发生了这样的振动啊？

而且听说当天的风和前半夜吹来的风是一样的，为什么没有早一点看到扭转振动？不是很奇怪吗？还是单纯的长时间持续吹风，积蓄了能量，这样的解释对吗？”

这时法库哈森教授的笑颜，至今我也能清楚地回想出来，对于上述问题，他一边听，一边点头，当我说完之后，了解了我的意图，脸上浮起了微笑，在手头的资料中，找出了几张照片，放在了办公桌子上。

“川田先生，你的疑问，是非常对的，谁都会抱有同样的疑问，当时我也是这么想的，我正想说这件事哩。”

法库哈森教授给我看的是照片 20 及照片 21。

照片 20 的两张照片，是在事故当天上午 9:30 左右，碰巧由太平洋桥梁公司的技师沃尔特·迈尔斯用 16mm 的电影摄影机拍下的，法库哈森教授看到之后，伸手要来的。照片 21 并不是从电影摄影机中截图的，而是在事故刚发生后不久，拍下的中央扣的样子。

a)

b)

照片 20

"事故当日，扭转振动发生在上午 10 点左右，大体上是在紧前的时刻 9:30 左右，中央扣的运动正如照片 20 所示。

看了这两张照片，你明白了没有？

照片 20a）中中央扣的拉索是松弛的，而照片 20b）则是'乒'的一声张紧的。

实际上若是影片的话，就更能明白，吊桥摇动时，总是以这种状态在反复，每运动一次，吊桥的主缆和加劲桁间就有相对的错位，那时的中央扣伴随着拉力的作用，也伴随着松弛反复。

照片 21

这样的状态，从塔科玛桥竣工以来的 4 个月一直在持续。"

"啊！是疲劳吗？法库哈森教授，中央扣是因疲劳而断裂飞走的吗？"

工学领域中，"疲劳"的术语是一根铁丝在一个点上反复弯曲，会就把铁丝弄断，和铁丝本来所具有的强度相比，处于应力非常低的状态，很容易坏，谁都有这样的经验，用一点力就可以简单地把铁丝弄断。

折断前的低应力的状态称之为"疲劳了"，反复弯曲而断裂的结果就称之"疲劳破坏"。

材料发生"疲劳"，不仅仅是受弯曲的状态，拉力、压力都可能产生"疲劳"，只要大于某个限值的力反复作用，总可以看到"疲劳"现象。

跳跃的格蒂,以美国女孩命名的吊桥,经常发生摇动,而且每次摇动的时候,急速地作用大的拉力,紧接着又是缓慢松弛的中央扣,四个月来受到反复应力的作用,终于疲劳了,事故当日达到了破坏的境地。法库哈森教授给我看的照片21,是桥发生事故坠落后拍的,而中央扣,已经先期发生了疲劳破坏。

"是那样的,川田先生,我和你有相同的推论。中央扣的斜索四个月来承受反复应力的作用,发生了疲劳,首先中央扣切断,而后发生了扭转振动。

基于这样的考虑,几个疑问点也变得明朗起来,首先四个月的期间内没有发生扭转振动,突然发生扭转振动是从中央扣切断的瞬间开始的,说明中央扣是有效的,这一点是可以理解的。

但是问题是,包括我在内,谁也没有看见中央扣切断的瞬间,没有目击者。是疏忽大意没有注意到?在那样的场合下显然是不可能注意到这个细节,而从16mm的胶片中,仔细地挑选出有证据的照片21。"

"扭转振动开始后又是怎样的?中央扣飞出去了还是怎样的?这些问题是不是都明确了呢?"

"遗憾的是这一点无法确认,16mm的胶片是所谓的片摄影,可以精心仔细地一张一张挑选,但由于摄影位置太远了,没能捕捉到中央扣的样子。"

但是,不管怎么看,法库哈森教授有解决中央扣执着的信念,钥匙总会有的。在事故发生的紧前,听说有船通过摇动的桥,教授开始寻找,终于找到了该船,是美国海岸警备艇亚特兰大号。

于是,法库哈森教授向亚特兰大号的艇长W·C·霍根大尉发去了请求的信件,请霍根大尉叙述桥的模样。

"来信收到了,很高兴写此回信……塔科玛桥坠落前一小时,亚特兰大号正通过塔科玛桥,当时,引起特别注意的是,北侧主缆的中央与桥面结构的连接处已经松了,其理由是目视到了主缆和桥面结构有1~2m的前后错位。"

完好的中央扣不可能有1~2m的间隙,根据法库哈森教授的推论,不排除将这一点作为中央扣已经破坏的证据。

▶▶▶ 11　其他的事实

中跨跨度853m比关门桥长百数十米的塔科玛桥，仅用直径ϕ38mm的钢丝绳构成中央扣，并不是很大的构件，说实话，使我很吃惊，看图纸包括金属配件在内的中央扣，全长未达到4m，太小了，只能看作是代用品一类的附属物，这是塔科玛桥坠落的直接原因吗？

无论如何，中央扣因材料的疲劳而断裂，为了抑制桥面结构的移动在加劲桁端和塔之间安装的油阻尼器，前面已经说过，由于砂子填塞了活塞的间隙，已经不能动作，这样一来，人之常情是要了解两边跨呈V字形张拉的锚索到底怎么样呢？

对于我这样的疑问，法库哈森教授当然是可以理解的，拿出了埃尔德里奇的报告书。

"……10点15分，东侧的边跨还算安静，大体上有10cm上下的摇动，紧急凑合安装上的锚索，限于我所看到的，完全显示了抑制振动的功能。

主跨激烈的摇动，东侧的边跨，却还安静平稳，应急的锚索有超出预想的效果，有效地控制了边跨的振动，我高兴地想到了这样的处置有效。

同时，委托肯尼思·阿金看看西边跨的情况。肯尼思·阿金也报告，西边跨的锚索充分发挥了作用。"

——克拉克·H·埃尔德里奇

这里出现了肯尼思·阿金的名字，引起了我的注意，故将他的报告合并引用于此。

"……前一天下午7点半，我开车来到西边跨的桥上，看到了应急处置而张拉的锚索，有60cm左右的振幅……又开车转到西边跨的下面，观察到锚索和以前叙述的状态没有变化……因此，我又返回……等路易斯到西岸的岸边来，他说昨夜是在船中睡觉的，凌晨3点半左右，因锚索的风鸣声而惊醒，赶快调查的结果是锚索靠地一侧的锚固螺栓有20mm的松弛。

到现场事务所,向埃尔德里奇报告了螺栓松弛的事,立刻得到了将螺栓上紧的指示……

……前一天的晚上 10 点 15 分,去东侧看了锚索,没有不好的地方,而且这时边跨的运动非常小。"

——肯尼思·阿金

这样看来,锚索充分发挥了作用,可惜的是只限于边跨,对主跨几乎没有效。

"这样看来,罗伯林真是伟大啊!"

我想起罗伯林1855 年在尼亚加拉瀑布架设的铁道和一般道路并用桥梁(照片 22),是由木和熟铁杆件组成的加劲桁架,全长 250m 的吊桥,设置了许多的抗风索,和塔科玛桥的锚索作用相当,这个吊桥 40 余年来铁道和一般道路无障碍地共同使用。

照片 22　尼亚加拉瀑布的铁道吊桥

"是那样的,其后在布鲁克林桥,为了不妨碍船舶航行,就没有从桥面下侧张拉索,而是从塔斜向向加劲桁架张拉索,称为塔索,罗伯林已经把一切都看透了。

惭愧的是,我们这个时代的技术者已经把先驱者的教训忘掉了。

布朗克斯白石吊桥也在摇动,前面已经说过,塔科玛桥坠落之后,首先担心的就是这座桥。

这座桥和塔科玛桥一样,也是莫伊瑟夫设计的,在这座桥上首先采取的行动就是安装了塔科玛桥没有的塔索,如图 11 所示。

从图纸上看,布朗克斯白石吊桥的制振装置是塔索,和从地面向上张拉至加劲梁的锚索不同,但和塔科玛桥极其相似,而且,这个塔索也是有效的,其后也没有问题发生。

在这之后,又看了照片 23,法库哈森教授结束了谈话。

照片 23 中的两张照片是事故之后紧接着拍的,反映的是主跨中央北侧的主缆状况,索夹滑动一米多,切断了 500 多根钢丝,钢丝变得乱七八糟的,是乱糟糟地扭转弯曲所致,可以想象钢丝不是一次切断的,而是多少次索夹前后移动,钢丝才成了这种复杂的样子。这个照片和 W · C · 霍根大尉的"北侧主缆的中央……目视到了主缆和桥面结构有 1 ~ 2m 的前后错位"是不是证实了报告的真实性呢?

主跨的中央的主缆呈水平状态,因此主缆索夹最难滑动,我觉得索夹滑动的事故是在塔的附近，主缆角度大的位置。不知不觉，时间已过正午。

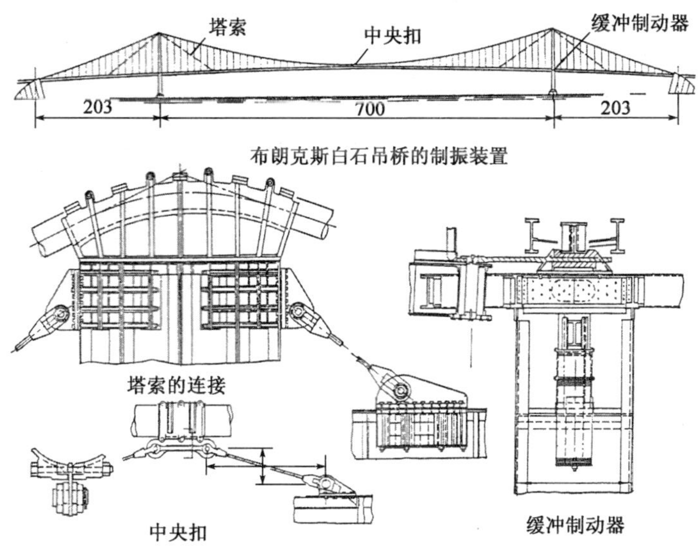

图11　布朗克斯白石吊桥的抗风装置(尺寸单位:m)

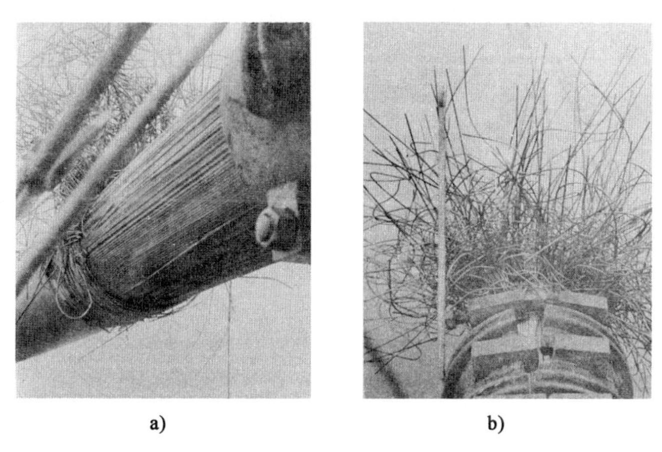

a)　　b)

照片23　旧塔科玛桥北侧的主缆索夹的滑动

暑假中已经毕业的学生们为了取得更高一级的职称资格，听说是到学校进行面授学习，现在已经下课了，可以透过窗户看见青年男女走出教室的姿态。

法库哈森教授整理了一下资料交给了我，我把教授的和我的分成两份，同时，将咖啡放到桌子上。

“还有一个，法库哈森教授，还有一个问题想问问，好吗？”

我想可能是愚蠢的问题,想在和法库哈森教授分别时问一下我从开始就想着的问题。

“法库哈森教授,如果中央扣不断,做得再结实一些,是不是塔科玛桥就不会坠毁了?”

我感到教授凝视着我,喝了一口咖啡,慢慢地说,“是啊!至少我和斯坦因曼博士有同样的想法。”

▶▶▶ 12　到旧金山

在说到近代吊桥的时候，斯坦因曼是绝不可能无视的人，他不仅在美国，而且在全世界都是最高的权威。对我来说，斯坦因曼已是非常耳熟能详的大人物了。

因此，法库哈森教授的话语中，很快就提到斯坦因曼的名字，当时我并不是那么在意。

法库哈森教授注意到自己的唐突，因此，欲言又止，什么也没说。在那里还有什么被隐藏的想法，我还得有两年的时光才会明白。

[译者注：川田先生首次访问美国是1964年8月2日，葡萄牙里斯本的国际构造桥梁会议（IABSE）是1966年11月7日召开的，中间经过了两年多的时间，法库哈森教授当时欲言又止的话是关于斯坦因曼和安曼间的恩恩怨怨的。]

当然我是十分满足的，在华盛顿大学和法库哈森教授共同度过了两天，有意想不到的收获。

至此听了多少次，却知之甚少的事故的全貌，已经相当清楚了，而且不仅是事故的经过，还有其原因，中央扣断裂的解释说明，都是可以理解的。

尽管和法库哈森教授是初次见面，但他是很亲切的，给了我充分的时间，分别时，对我冒失提出的塔科玛桥坠落的胶片等问题，法库哈森教授立刻就做了安排。

照片24　在封闭的风洞试验室前的法库哈森教授

接着，法库哈森教授先站起来，带我到华盛顿大学的校园转转，但是遗憾的是，看了多遍的相当熟悉的照片所拍摄的法库哈森教授进行了超过十年的研究，取得负有盛名成果的全桥模型风洞试验室已经封闭，墙上爬满了攀崖植物，另外新建的风洞,正在做超声速飞机的试验,吊桥的部分模型一个也没有看到。

当天夜里,我已离开了西雅图,进入了旧金山。

金门桥、旧金山奥克兰海湾桥,对和桥有密切关系的我们,旧金山实在是会引起浓厚兴趣的城市。

晚上,住在中国城入口的富豪酒店,这是日本航空乘务员的指定宾馆,此外,日本人的客人也较多,相当程度上通日语,是个各方面条件都不错的宾馆。

游览了浸透着异国情调的中国城,买了一些东西,驱车去了渔人码头吃饭,我已觉得自己是个观光客了。

渔人码头原来是沿海渔业基地发展起来的,现在已是新鲜的鱼料理的食品店和当地特产的商店了,访问旧金山的观光客一定要来这里一次的。

那天夜里,我到了"渔夫的洞穴",一家意大利风味料理店。

坐下之后,能看到远处被晚霞映红的金门桥,侍者端上来的是蒸蛤蜊,很像日本的味道,和冰冻过的葡萄酒非常合味。

塔科玛桥的事已经在我的脑海里消失了。

详细询问了法库哈森教授,回去后再给我 16mm 的胶片,肤浅的我,已经觉得就塔科玛桥的事故,几乎所有的事情都知道了。明天,就要去看世界第一的大吊桥了,对金门桥的期待,在我的胸中涌起。

大桥竣工
　　成就伟业
西部太阳的光辉下
　　高耸的桥塔、强劲的缆索
雄伟壮丽的姿态
　　横跨大海、连接两岸
赞美啊!
看桥上
　　疾驰而行的车辆川流不息
看桥下
　　世界各地的船舶港口汇集
远眺去
　　浩瀚大海之中桥与船依然很小!
……
巨大工程初次尝试
　　夹杂着期待与不安

承受着敌意和嘲弄

　　面对中伤和诽谤

依然雄心满怀

　　勇往直前！

只有今天

　　才去回味那付出的代价和艰辛！

——《成就伟业》约瑟夫·B·斯特劳斯

1937年5月，世界第一的吊桥完工。我想起了技师长约瑟夫·B·斯特劳斯（照片25）引以为自豪的诗《成就伟业》中的一节，抄录在此。

照片25　金门桥和约瑟夫·B·斯特劳斯的铜像

主跨1280m，塔高227m。

227m的塔高，可以和60～70层超高层建筑相匹敌，使用钢材4.4万吨，数量巨大。直径92cm的主缆也是巨大的，27572根5mm的钢丝集束成一根主缆，两根主缆合起来将近13万公里长，足足可以在赤道上绕地球三圈以上，而且主缆的质量超过了2万吨。

大约1.3km的跨度，绝不是简简单单的距离，海中没有一个桥墩，是用主缆悬吊跨海。

这样的长度，已经受到了地球曲率的影响，两个主塔基部和塔顶有差别。

分别约有6万吨的荷载，由主缆施加于塔的顶部。高度227m，即比140m的霞关大楼还要高5成多，想象一下，在两个高耸的塔中间通过10万吨级猛玛长毛象号巨型油轮，真可谓桥的巨人啊！

明天就要访问金门桥了，我多年的梦想终于成为现实的日子来到了。

万万没有想到，新的问题在等着我，其后数年和塔科玛桥的交涉，实际就在现在才开始，是无论如何也没有想到的。

一人独饮，葡萄酒带来的凉爽的夜晚。

13 摇动的金门桥

8 月 5 日，旧金山从早就是好天气。

想去吃早饭，到了富豪酒店相邻的日本食堂“绿”，没想到碰见了首都高速道路公团的冈泽部长（现在是奥姆龙系统的董事）。

他也是去金门桥访问的，今天登塔的手续已经办好，吃完早饭，即去访问金门桥，我和他同行，比起一个人去，这可真是大好的机会。

金门桥，规模真的是比听说要大得多。

在桥的管理事务所，拿出了注册技师的证明，罗伯特·E·希尔兹引导我们参观，这可真是难得，不是普通的参观浏览，从固定主缆端部的锚碇到乘电梯登上 227m 的塔顶鞍座都看到了，所到之处都转了转。

92cm 直径的主缆，比在脑中的感觉要大得多（照片 26），更令人吃惊的是塔顶鞍座的尺寸，为了比较其大小，我在鞍座旁照了一张相（照片 27），尺寸不大的塔顶还有这么大的鞍座啊！

照片 26　希尔兹技师和金门桥的主缆断面

照片 27　站在金门桥塔顶的著者

金门桥中，由一件事可以推测到其他部分都是这样的规模，我在日本也修了几座吊桥，但和金门桥相比，绝不是相同数量级的，完完全全地被压倒了，震服了。

但是,金门桥还有更惊人的秘密。

看完了桥,在去管理事务所途中的车里,我们闲聊的一个话题是我访问了塔科玛桥,和法库哈森教授见面的事,希尔兹开口说道:“金门桥也发生过摇动的哟!”

一瞬间,我难以理解希尔兹技师在说什么、车来到了北岸的索萨利托一侧的引桥,眼前能看到悬吊部分的桥面结构和耸立的巨大红色的塔。一定是我听不惯外语的缘故,不知什么地方听错了,于是又问了一遍。

“对不起,您说什么?”

这次听清楚了,希尔兹技师回答说:

“金门桥,曾经摇动过的。”

“金门桥曾经摇动过,这样巨大的桥曾经摇动过?”

“是真的,真是有那样的事……原因也是风吧。”

这完全是难以相信的话,金门桥也因为风摇动过?

希尔兹技师说:“你可能不知道,风将金门桥摇动过,而且不止一次,而是好几次。”

不知不觉,车已回到了出发点,停在了管理事务所里的停车场,参观金门桥的日程全部结束了。

但是我不想这样就和希尔兹技师分别,昭和 39 年(1964 年)的时候,从经济面上看,并不像今天是容易海外旅行的年代,下一次什么时候到美国来还不知道,只知道我看到的,听到的这些,在现场还没搞明白的问题,可能会永久地失去这个机会了。

所幸希尔兹技师爽快地答应了,和冈泽先生分别之后,我一个人留在那里,听希尔兹技师讲金门桥摇动的事。我除了吃惊之处再无其他了。

根据希尔兹技师的讲述,1937 年完成的巨大的金门桥,第二年(1938 年)就发生了摇动。

1938 年 2 月 9 日,当地吹起了相当强烈的西风,据说在人行道行走的行人都感到行走困难,金门桥由于这场风产生了相当的摇动。

这是在塔科玛桥坠落一年半之前的事,在当时并没有十分注意,也没有正式的观测记录,这件事不知不觉地从人们的记忆中消失了。

但是 1940 年 11 月 7 日塔科玛桥坠落的惨事发生了,3 个月之后,人们的吃惊还未完全消失,1941 年 2 月 11 日,金门桥被风吹动再一次发生了摇动。

这次的风持续吹了三个小时,最大风速每秒 27m 多,和桥轴成 45°角,大体上是水平风,桥面结构产生了 1.5m 的横向挠曲,主跨以每分钟 7.5 次的频率反复振动,其最大振幅在主跨的四分点处,上下约 60cm。

然而当时没有留下关于扭转振动的记录。

但不管怎么说,金门桥摇动的事是实实在在的,塔科玛桥坠落的风的亡灵已经转交给了巨大的金门桥。

那么是为什么呢?

法库哈森教授的试验中,确实塔科玛桥的加劲桁的“桁”是摇动的,而在“桁”上开孔“桁架化”后,风的影响变好。而金门桥不是“桁”而是“桁架”起加劲作用的,而且桁架杆件的空隙比要比在“桁”上开 25% 的开孔率大很多。

那么到底是什么原因使金门桥摇动的呢?

对此问题,曾考虑是风吹过的方向,和桥轴成 45°角,是不是斜向吹来的风产生了空隙比实际上减小的效果呢?

金门桥的相关桥梁技术者们,这时突然忙碌起来。

1942 年首先在中跨安装了有自记功能的风速仪,不仅能记录风速,还能记录风向。

接着又仿照塔科玛桥的例子,读取变位,以旧金山侧的塔为基准在桥面结构上设测点,在主跨的中央,设置了加速度计,其后的 1945 年和 1946 年又增加了加速度计的数量,1946 年以后,在两边跨的中央、主跨的四分点、八分之三点等,主要有 10 个位置都安装了仪器,持续地进行观测(图 12)。

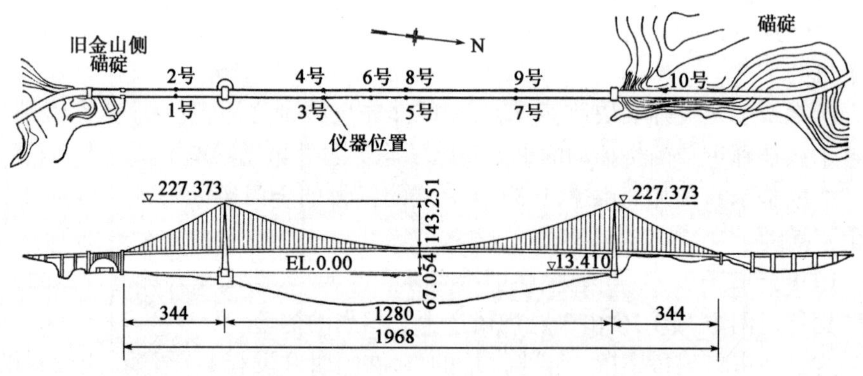

图 12　金门桥测量仪器的安装位置(尺寸单位:m;高程单位:m)

14　1951 年 12 月 1 日

希尔兹技师的说明在继续。

1946 年调整好观测体系之后；进行了数年的观测，大部分各种响应都明确了，其结果如图 13 所示。此图是由极坐标给出的风速和其方向的图，金门桥为中心的地形也绘入图中。

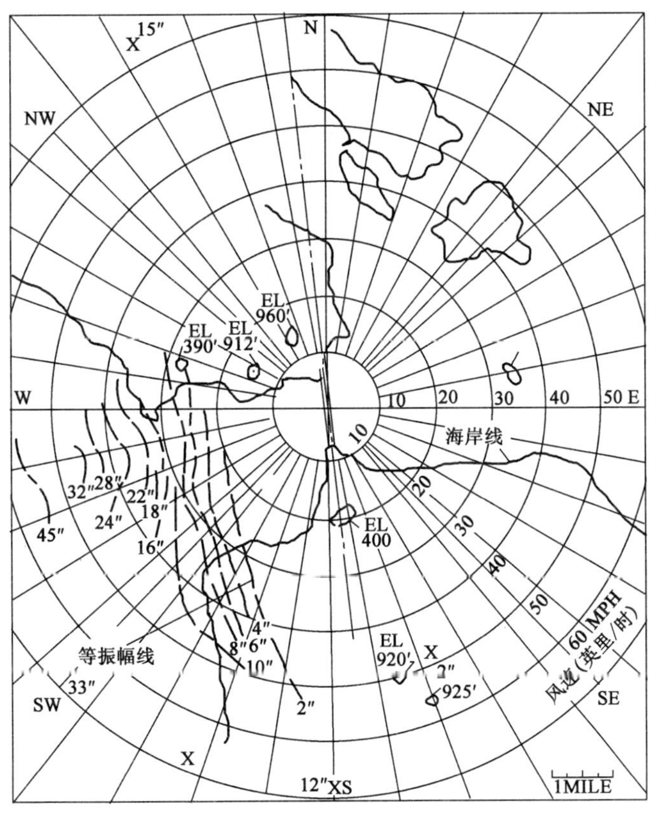

图 13　金门桥的风和双边振动振幅

风的速度用时速多少英里的形式以桥的等心圆给出,分别给出风吹来的方向,顺便说一句,时速10英里的风,相当于每秒4.45m。

同时具有风速和风向的风,以金门桥发生上下振动的大小划图,这时的振幅明显和风速,也和风向有关,连接等值点成线,图中的虚线就像等高线一样。

从这个图来看,风吹的角度对振动有大的影响,例如风沿金门桥的桥轴方向吹时,时速50英里的强风才有2英寸(1英寸相当于2.54cm)的上下振动,而从横桥向吹来的风只有50英里的1/5,即10英里时,却产生相同振幅的摇动,当时速70英里或以上的猛烈的暴风沿北北西或南南西靠近桥轴方向吹来时,大体上有15英寸(38.1cm)的摇动。

这样一来,"由于斜风开孔率减小"的假定不能成立。桥轴成直角吹来的风或者说风的桥轴直角方向的分力大小决定吊桥的摇动。这个结果,和法库哈森教授的"加劲梁的开孔率"等等的说明,不能很好地相符……

这时希尔兹技师从大量的观测数据中,拿出了1948年至1951年4年间吊桥摇动的主要记录,如表1所示。

金门桥因风摇动的记录(自1948年至1951年)　　表1

年	月　日	最大振幅(倍振幅)(英寸)	风速(英里/时)	风向	表示显著振幅的测量点
1948	2/22	17	50	西	3,4,6
	2/27	9	46	南南西	5
	3/2	14	40	西	5,8
	3/19	16	30	西	3,4,6
	5/13	16	34	西	3,4,6
	5/17	27	46	西南西	3,4,5,6,8
	10/29	17	35	西	3,4,6
1949	3/25~28	13~18	32	西	5,6,8
	4/18	14	30	西	5,8
	5/17	19	34	西南西	3,4,5,6,8
	10/5	21	38	北西	3,4,5,6,8
1950	6/6	45	45~56	西	3,4,5,6,8
	10/27	21	58~70	南	3,4,5,6,8
	11/16	14	60	南西	5,8

续上表

年 月 日		最大振幅（倍振幅）（英里）	风速（英里/时）	风向	表示显著振幅的测量点
1951	1/10	39	65	南南西	3,4,5,6,8
	4/29	25	42	西南西	5,8
	4/30	22	—	南西	3,4,5,6,8
	10/24	33	70	南南西	3,4,5,6,8
	12/1	132	69	西	全部测定点

注：1. 表中的计测点参照图 12。

2. 倍振幅的意义如右图所示。

这个表一目了然，什么样的风，以怎样的频率振动了金门桥。明确了西风是最危险的状态。

表 1 中的 1950 年 6 月 6 日吹来的风的振幅是观测以来最大的，振幅有 45 英寸（相当于 1.12m）。还有在非常短的时间，诱发了扭转振动，差点使相关者足以成名。振动和塔科玛桥坠落具有相同的形态，在跨度中央有节，是反对称的一次扭转振动。

关于 1951 年 12 月 1 日这一天的情况，除了希尔兹技师的说明以外，还有在哈罗德·吉利姆所著的《旧金山湾》中有一段我感兴趣的文章，也描述当时的状况，将其译出，补充我的记述。

“1951 年 12 月 1 日是个有历史意义的日子，最后过桥的是由非常年青的女性南西·肯多驾驶的车。

黄昏时的天空，云很厚，走了不到两英里，就到了收费站，停车的时候，有相当强的风吹来，南茜小姐和同乘一辆车的女友，并没有感到任何异常，交完费后，就把车往前开去。

但是过了靠近旧金山南侧的塔，有一阵强风突然吹来，还有主缆、加劲桁架因风鸣的恐怖咆哮声响彻了耳朵，两个人不得不停止了愉快的谈话。

南茜小组死命地左转右旋控制住方向盘，风太强了，越过右手的栏杆，看到对岸贝克要塞的灯光像逆转的流星一样横穿过去，那一瞬间，她们两人明白了，桥被风吹得已像在荒凉的大海中漂浮的船。

车中的两个人互相看了一眼，然后又回顾前后，她们觉察了恐怖的事实，环视周围，外面已无车的影子，只剩下两人乘坐的车在摇动的桥上。至今为止，两人已经几百次的从桥上驰过，今天的吊桥和地上造的道路毫不相同。

她们感觉到自己的身体像吊在20层的楼房一样高的地方,不是不动的,而是随着一会主缆向空中,一会又反转向下的波浪一样。这时在桥上抱有这样不安的人,只有几个人吧?

突然想起了数年前因风坠落的华盛顿州的塔科玛桥的记忆,不吉祥的念头出现了,两人的胸口好像被勒紧了,如果这个吊桥坏了,两个人就会从令人头昏的高度,划过空中,落入狂暴冰冷的海水中……

不知过了多长时间,好像是无限长的时间一样,南茜小姐在摇动的桥上,死命地抓着方向盘在苦斗,终于,在前方昏暗的空中,北侧塔的黑影浮现出来,所幸的是靠近塔的位置,桥的摇动变小了。

终于两人从危险的境地脱身而出。

到达对岸后,对身体的冲击还未过去,她们向桥看去,看到了连接成行长长的车列,金门桥实行了交通管制。

金门桥自竣工以来第14年,首次为了确保安全,实行了全面的交通封闭。

在这之后,吊桥还继续摇动了一段时间,强风中不仅是上下,也有扭转的振动,摇了一阵后,风停了,摇动也安静下来了。

这一天,实施交通管制的时间是2小时50分。"

记录当天的风和桥的反应如图14所示,风速分成最高和最低风速,中跨四分之一点的振幅以点划线表示。

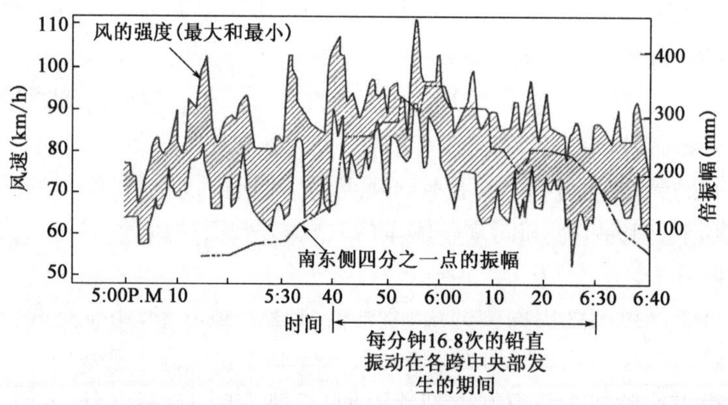

图14 风和金门桥的反应

发生的最大倍振幅是132英寸,即以3.35m的强度上下摇动,是多么激烈的摇动啊!

15 抗风对策

金门桥 1 分钟振动 16.8 次，约 3.6s 弱一点振动一周，上下振幅是3.35m。顺便说一句，塔科玛桥 1 分钟振动 14 次，两、三天之前在华盛顿大学看到的塔科玛桥坠落的影片还活生生地浮现在脑海中，那个振动的激烈程度我是可以想象的。

巨大的金门桥和塔科玛桥是同样的摇动……

希尔兹技师的话使我入神，我有些发愣，塔科玛桥的事常常听到，但是金门桥这样的摇动，却从未听到过。

“啊！说到这样的程度是不是够了？”

希尔兹技师微笑地对我说。

“之后金门桥通过补强下横构提高扭转桁架的刚度，就再没有诱发扭转振动，这样的做法是有效的。”

图 15、图 16 是希尔兹技师所说的话的对比图，竣工后，桥面的行车将荷载传递给主缆悬吊的两面桁架，仅由横梁作为主要构件构成的断面，如图 15 所示。下横桁架补强后的悬吊结构，由开口断面变成了箱形的封闭断面，如图 16 所示。

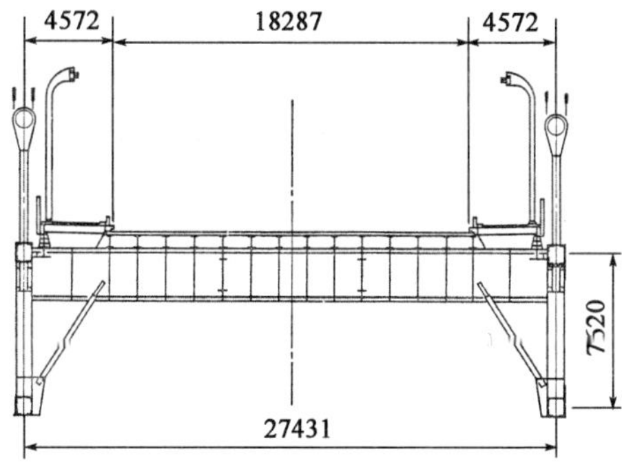

图 15 补强前的金门桥断面(尺寸单位:mm)

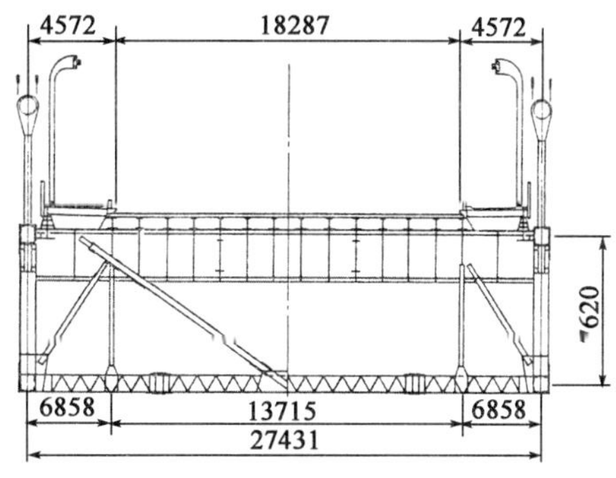

图 16 补强后的金门桥断面(尺寸单位:mm)

而箱形的封闭断面对扭转的抵抗要大得多,因此,一看就能明白,金门桥这样的补强结果对扭转振动是强固的、有效的,其后也无事。

“谢谢,承你说明,我明白了,实际上塔科玛桥用桁补强是摇动的,而用桁架补强则不摇动,可以理解再建塔科玛桥时,为什么采用了加劲桁架,但金门桥的摇动,考虑方法稍稍有些变化。”

希尔兹技师却说:“并不是说桁摇,而桁架就不摇,不能那样简单地分割,现在已经再建的塔科玛桥,并不是单纯地改为桁架加劲就算万事大吉了,还有路面开孔(照片28),在桥塔处安装阻尼器,再就是安装了中央扣。”

照片28　新塔科玛桥的桥面构造

确实是那样的,由法库哈森教授得到的资料研究中清楚地显示了(图17),我自己就是为了用照相机拍摄桥面开孔的样子而来的。

“那么金门桥是怎么样的?桁架补强、安装下横构已经很充分了,阻尼器、中央扣就没有必要了吗?”

希尔兹技师说:“结果是那样的。最初并不是全然不考虑其他的方法,中央扣、桥面开孔都进行了研究,当然也进行了风洞试验,其结果是首先安装下横构、补强桁架已经提高了扭转抵抗。

中央扣、桥面开孔,是在下一个阶段,吊桥的摇动不能限制时的措施,所幸的是已经没有必要了。”

希尔兹技师的说明极为明确,我也是十分同意的,但总感到有哪里不对。与从法库哈森教授处听到的关于塔科玛桥坠落的原因一对比,总感觉到有些偏差。

为什么会这样呢?那绝不是仅仅用桁架补强吊桥的原因。

我感到着急,说什么好啊?找不到适当的语言,对无边无际,没有抓手的自己感到不满,干着急。

我这样想的时间,大概有几十秒钟,长的话也就1~2分钟。

这时希尔兹技师已经给我讲完了,站起身来在自己的书架上找了一本报告书,报告书的封面上写着。

“金门桥的补强改造

克利福德·E·潘恩

奥斯马·H·安曼

查尔斯·E·安德鲁

一九五三年一月”

希尔兹技师说:“川田先生,这个报告书送给你。

这是1951年12月的风摇动金门桥后,编写的制振对策的报告书。

中央扣、桥面开孔为什么不放在第一步?我们安装下横构的理由是什么?读了这个报告之后,就十分清楚了。

我的说明不足的地方,由这个报告报告来补充。”

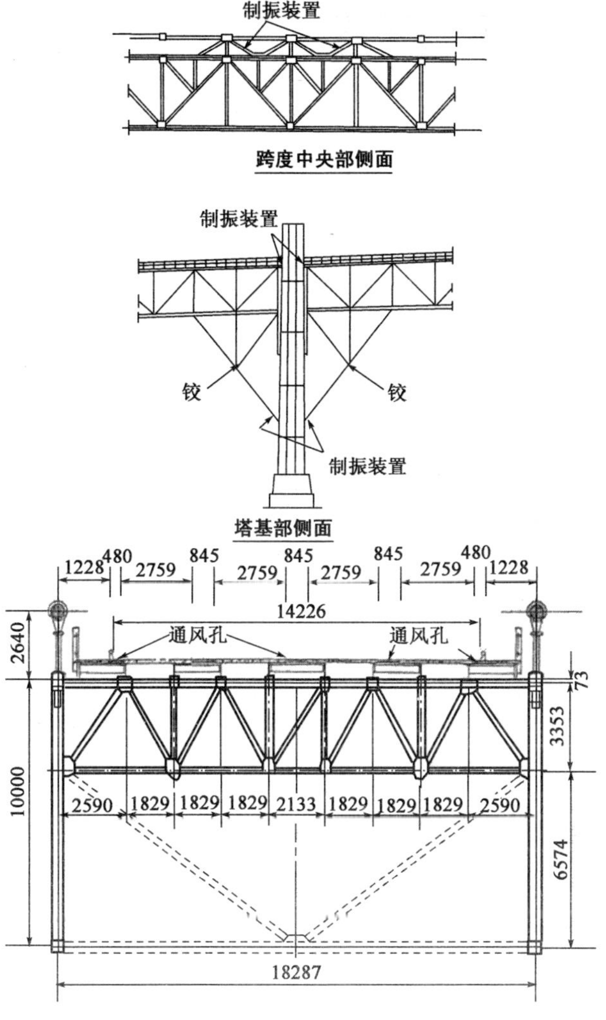

图17　新塔科玛桥的制振装置(尺寸单位:mm)

听了希尔兹技师的话,我吃了一惊,那是有关中央扣的响亮的声音。

是那样的,是中央扣。

法库哈森教授的话说明,塔科玛桥坠落的事故和中央扣有很大的关系。

塔科玛桥跳了那个死亡的舞蹈,反对称一次振型的扭转振动产生的直接原因确实是中央扣的疲劳破坏,如果当时中央扣的斜索没有切断,塔科玛桥是不是不会坠落呢? ……

我感到着急困惑的原因就在于此,塔科玛桥的坠落具有那么重要意义的中央扣,对金门桥就只有次要的作用吗?

心里这样想可嘴上没说。如果金门桥最可怕的振动是扭转振动的话,提出一个用中央扣可以有效制振的说法,又比加劲桁架全长安装下横构要容易得多,而且肯定也是经济的方法。

希尔兹技师说:“真是非常有趣,令人关注的话题。”

始终注意听我说话的希尔兹技师的回答却是和我的期待相反的。

希尔兹技师说:“中央扣确实有抑制吊桥扭转振动的效果,但是,金门桥若安装中央扣,其拉索是否能期待像说的一样,有效地制振,还是个疑问。至少,在给你的三人报告书中,对中央扣抱有本质的怀疑。”

这么说来,下横构的补强是最正确的办法吗?

希尔兹技师继续说:“可以给你作为参考,1941 年关于塔科玛桥坠落的原因的正式报告书已经出来了,你知道不? 我劝你看一看,其中罗列了各种各样的事实。”

好容易关于塔科玛桥坠落的事故,我想已经了解得很多了,但我应该知道的事还有很多。

16 中央扣的评价

当天听了希尔兹技师的话，回想法库哈森教授的说明，我一下子陷入了混乱。

塔科玛桥的摇动是用“桁”代替了桁架进行加劲，因此可以理解卡门涡发生的主要原因，但用桁架加劲的金门桥也在摇动。

那么在一系列的加劲梁开孔进行的风洞试验中25%以上的开孔率结果，到底怎样评价好哪？法库哈森教授的说明也不是正好的。

两个人的说明间存在中央扣的评价的差别到底是什么？法库哈森教授认为中央扣的断裂才是塔科玛桥惨事发生的直接原因，然而希尔兹技师却说中央扣只起了辅助的作用，两个解释是不同的，怎样理解呢？

其后，我飞往巴西的里约热内卢，再转机飞向圣保罗，出席国际构造桥梁会议（IABSE），近两个月的旅行，这样的疑问常常和我不能分离，解决这个疑问的钥匙，恐怕是希尔兹技师告诉我的1941年的正式报告书，我手头还没有这份报告书。

回到日本之后，不用说我立刻着手索要《正式报告书》。另外翻阅了希尔兹技师手中拿到的潘思、安曼、安德鲁三人编写的报告《金门桥的补强改造》。

在前面的文章里，“风的动作用下为改善金门桥的反应的调查研究报告书”中，所述的内容都是一般的、泛泛而指的。其中引起我关心的是中央扣的说明，但在以下的文中，关于中央扣的说明是完全相同的。

“中央扣的作用是在风的动力作用之下，吊桥出现反对称扭转振动时，抑制主缆和悬吊结构之间的相对错位（图18）。

图18　中央扣的作用

中央扣这个装置是塔科玛桥完成紧后,为防止摇动而采用的,在装置没有损坏的情况下,如果能够完全发挥作用,对于阻止吊桥发生最危险的扭转振动,是有效果的。但是主缆和中央扣的连接部位是个弱点,一旦开始扭转振动,效果就不充分了,还有中央扣对于控制无扭转,单纯反对称上下振动的效果差。

1939 年完成的布朗克斯白石吊桥在控制持续摇动上,中央扣是有效果的。不用说对扭转振动,就是对上下振动,中央扣也有好的效果,但是,仅用中央扣还不能充分抑制上下振动。

更实际的中央扣,在再建新塔科玛桥已经采用,其效果在全桥模型试验时也已确定,但是其效果和这时采用的阻尼器、锚索等其他措施相比无法确定,对上下振动和扭转振动各有多少定量的效果也无法确定。中央扣对于反对称扭转振动是极其有效的,至少在其完全动作的情况下,其效果是显著的。但是始终是辅助手段,未必是必须的、不可少的。

如后所述,金门桥并不是没有考虑安装中央扣,但首先考虑的是安装下横构,若不能得到充分的制振效果,在下一阶段,再考虑安装中央扣。

布朗克斯白石吊桥以及再建的塔科玛桥,绝不是单独地使用中央扣,而是和在桁端或加劲桁架两端设置的缓冲装置阻尼器共同作用的,但是根据我们的调查,在金门桥设置这样的缓冲装置并非易事,因此中央扣在金门桥补强的时候,并不是第一步要考虑的问题。"

我读了这个文章之后,总觉得有点奇妙的感觉,安装中央扣能抑制吊桥的扭转振动,但实际上效果并没有那么大?不能否认提出疑问说丧气话的人大有人在。

可能是我想得过头了。尽管如此,从法库哈森教授那里听到的说明印象太强了,中央扣应该有效,已经有了先入为主的观念,是不能天真地看那灾祸的?这么大的金门桥,单单地安装中央扣,本来也可能不能期待有大的效果。

中央扣有效还是无效?在自问自答这样的疑问中,我又读了报告书,进入了"部分模型的风洞试验"那一章。

读到其中的"中央扣的效果"一节时,我确信开始时我的印象不是错误的。

为了清楚地说明,将报告书的相关部分罗列于此。

"只有下横构的补强不充分的时候,才可以进入下一阶段推荐采用本报告书中指出的中央扣。

中央扣的效果并未由部分模型试验所确认。塔科玛桥的全桥模型试验的结果,在中央扣牢固地连接主缆的情况下,确认了反对称振动不会发生。

因此金门桥的情况下,同样能有效地使用中央扣的话,可以得到相同的效果。”

读完之后，我松了一口气，中央扣有抑制扭转振动的效果，这里所说的反对称振动和反对称“扭转”振动没有不同，限于中央扣牢固地安装，确认了不会发生反对称的振动。

尽管如此，为什么金门桥未做确定制振效果的部分模型试验？对这个问题，总是有不可解的疑问，而且今天又一次读了有关的说明，我的疑惑更大了。

首先最初塔科玛桥安装的中央扣，“一旦开始扭转振动，效果就不充分了，还有中央扣对于控制无扭转，单纯反对称上下振动的效果差”，扭转振动开始的时候，不是中央扣疲劳破坏之后吗？说主缆和中央扣的连接部位是个弱点，绝不是说中央扣有功能缺陷。

布朗克斯白石吊桥“不用说对扭转振动，就是对上下振动，中央扣也有好的效果”，紧接着其后又说“但是，仅用中央扣还不能充分抑制上下振动”，好像又是撤了水的说明，前后有些矛盾。

心情郁闷地再重读，报告书的内容是由一件事可推测到其他事，我明白了，满篇都是这种调子。

中央扣的本质尽管是对扭转振动的，但又延长到上下振动，“其效果……是怎样的程度？定量地决定是不可能的”，而且“中央扣只是一种措施，并不单独使用”，而“在所有的场合总是和缓冲装置并用的”，“尽管这样的缓冲装置，金门桥安装起来并非易事，因此中央扣不作为第一阶段的考虑”是不容反驳的。

17 疑惑(1)

看了潘恩、安曼、安德鲁三人写的关于《金门桥的补强改造》报告书,我感到总有哪个地方不释然。

为什么金门桥不进行全桥模型风洞试验?是不是中央扣的效果已经知道了,没有必要再做了?

还有中央扣常和桁端的缓冲装置并用,旧塔科玛桥的缓冲装置早早地就坏了,不能动作,结果如同没有安装一样,尽管如此,至中央扣切断前,扭转振动并没有发生。

到底这个事实怎么看?怎么解释?

相同的报告书中写道“塔科玛桥全桥模型试验的结果,如果中央扣的拉索是牢靠连接的,那么就不会发生反对称‘扭转’振动,因此金门桥时,若用同样的中央扣的话,也可得到同样的效果。”

这样叙述的说法之间,我感到有太大的差异。

为什么?这是为什么?

不知道为什么?我感到编制报告书的三人认为补强用下横构即可,不需要中央扣了,感到有些故意地避开使用中央扣,我的想法是不是有点过头了?

金门桥决定不使用中央扣之后,就不用全桥模型做风洞试验了,虽然在塔科玛桥再建时,华盛顿大学已经建成了功能齐全的风洞设施,且已有很多的研究成果。

在华盛顿大学进行风洞试验时,为什么只限于部分模型呢?而依赖全桥模型进行试验,不是更顺理成章吗?

想一想,真是奇怪。

带着这样的疑惑,继续看报告书,关于下横构的决算,达到了最高。

“费用

下横构补强所需钢材的质量约4750t,包括技术费和其他的施工费等在内的经费达到 350 万美元。”

下横构补强所要的钢材为 4750t,若用中央扣,不管怎样补强,也不过数十吨钢材吧。

350 万美元是个很大的数字,按照当时的银行汇率,1 美元可以兑换 360 日元,不考虑物价的变化,实际上达到了 12 亿 6 千万日元的巨额资金。

尽管如此,还是那么干了,三人的报告书的结论,如下所述。

“结论及今后的方针

金门桥 1951 年 12 月 1 日吹来最强的风,发生了 1937 年竣工之后最激烈的振动,当时的情况已在 1952 年 1 月 18 日由克利福德 · E · 潘恩的报告书中详细描述。所幸的是强风没有对桥梁安全性带来损害。

但是,我们得到了为了准备应对今后的强风,将金门桥的抗风性能提高的结论。……(中略)……

为了提高金门桥的抗风性能,决定在什么位置补强,补强到何种程度是必要的,是一个非常非常困难的问题,需要明确风对实际结构物带来什么样的影响以及如何提高结构物内在的阻尼衰减,但在现阶段不明确的点还很多,这些原因导致决定补强的范围、程度,需要很高的技巧。

当务之急是确定首先应采取什么样的补强对策,在仅靠这种补强对策不充分的话,则继续采取其他的方法。如果一次把所有的方法都使用上,有可能白花了钱。逐次补强的方法,其实是最经济的方法。

因此,我们第一阶段推荐的补强对策是在桥的全长范围内,和加劲桁架的下弦杆在同一平面内安装下横构,可以大大地增强桥的稳定性,特别是对扭转振动有大的效果,恐怕仅用这个方法就能显著改善桥的抗风性能,而不再需要其他的补强对策了。

调查的结果是下横构在施工上没有任何问题,桥的承载力也没有问题,安装施工对一般的交通也不构成障碍。

下横构方案所需的包含一切的费用为 350 万美元,工期为在签合同后 9 个月至 12 个月时间。

若第一个补强方案不充分时,接着采用第二个补强方案,即安装中央扣。

我们的见解是中央扣对反对称振型的扭转振动(这是塔科玛桥坠落的原因)有很好的效果,还可以在其他点上期待增强吊桥的稳定性,为了金门桥,详细地研究了为数甚多的中央扣,其中有可能调整的“固定式”中央扣(布朗克斯白石吊桥采用了由此种形式),还有采用液压式的中央扣(再建的塔科玛桥采用)等等,这些中央扣对吊桥本体没有不好的影响,可以充分地实施。

本报告书的附图,显示了采用的中央扣,包含一切费用可控制在 10 万美元以内。

第三个补强方案是根据风洞试验的结果得出的,改造人行道,现在的混凝土桥面部分或全面改为钢格栅,这个方案要花费相当的费用,但对车流不致带来大的障碍,施工上也是可行的……(以下略)……"

图 19 所示的是中央扣的图纸。

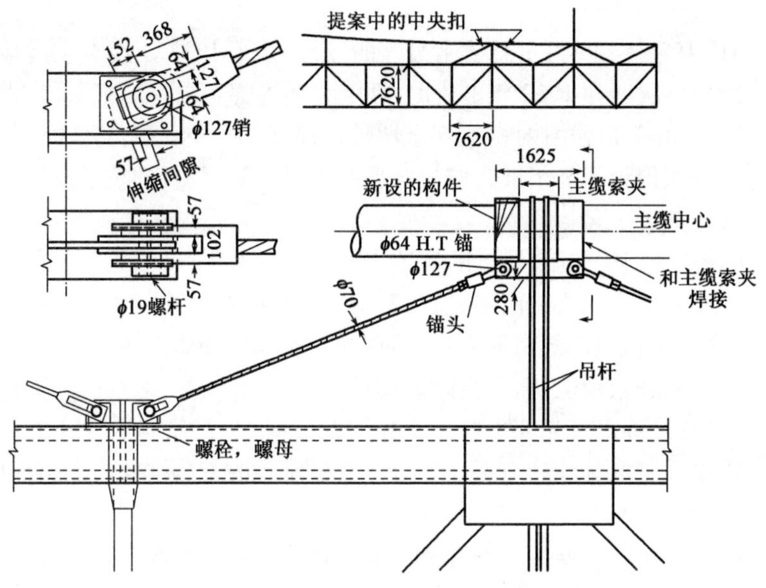

图 19　金门桥提案中的中央扣(尺寸单位:mm)

我看了这个图,哎呀!图纸的质量很差,为数甚多的中央扣图纸不像样子,仔细研究该图纸时,免不了有臆造、杜撰的印象。

法库哈森教授已经说明了吊桥在发生反对称的振动时,中央扣上作用着交替的应力,换言之,是拉力和压力的交替作用,但图纸上中央扣没有怎么考虑作用压力的迹象。

固定于加劲桁架上的锚头,总感觉间隙太大,不顺眼。

想想塔科玛桥的情况,那时中央扣的反应,应再做些研究。

事故的经验,一点也没有运用上。

而且这样的中央扣斜索,同样地会发生疲劳破坏,应该说第二个旧塔科玛桥的死亡的舞蹈会上演了。

▶▶▶ 18 疑惑(2)

1951 年 12 月 1 日吹来的暴风,使金门桥发生了激烈的扭转振动,桥梁的抗风稳定性成了问题。

提高抗风稳定性,且可能实施的补强方案是:第一安装下横构,第二设置中央扣,第三是用钢格栅代替混凝土桥面,实现人行道的开孔化,这样的补强方案并不是一下子全部实施的,实施了第一方案后,若效果不完全,再考虑第二、第三方案,是逐次的并用。

那时是按照下横构、中央扣、钢格栅的顺序逐步实施的。

报告书的结论归纳如上。

是这样吗?这样好吗?我已经带着疑惑的眼光看这个结论了,我是非常矛盾的。

实施的顺序很奇怪,例如第三方案钢格栅的人行道的开孔化,是妥当的。正如说明的那样,混凝土的人行道全部拆除,换上通风的钢格栅的施工,即使不妨碍车道的汽车交通,也是很费力气的大工程,因此,同意把它放在最后。

问题是下横构也是非常困难的工程,钻进桥的下方,在离海面 60 ~ 70m 的位置,安装 4750t 的下横构,和人行道的格栅置换工作相比,是更难的,绝不是容易即刻可以完成的,而且,还需要 350 万美元,折合 12 亿 6 千万日元的庞大费用。

中央扣的安装和其他两个方案相比是相当得容易,相当得经济,而且就像报告书中所叙述的那样,“只要中央扣拉索和主缆牢固地连接,就可以不发生反对称扭转振动”,“还可以在其他各点上期待增强吊桥的稳定性”。

如果那样,最初为什么不试试中央扣呢?“金门桥 1951 年 12 月 1 日吹来最强的风,发生了 1937 年竣工之后最激烈的振动。”“为了准备应对今后的强风,将金门桥 抗风性能提高”的结论,是不是第一应该采用中央扣呢?

1951 年的暴风,诱发了金门桥的扭转振动,这是和破坏塔科玛桥相同的反对称一次振型的噩梦般的扭转振动才是问题,多少有一点上下的摇动,对这样巨大的金门桥来说是不必担心的。

扭转振动成了问题的话,金门桥最应该忌讳的就是扭转振动,当然应该更认真考虑安装中央扣吧?

尽管这样,报告书上的附图到底是怎么了?我敢说只要稍稍研究之后,这样的图就不会画出来了。

布朗克斯白石吊桥采用的是可以调整的"固定式"中央扣,新塔科玛桥则采用了"液压式"的中央扣,现在暂且不问它们各自都是什么样的机理,也难以想象这两种中央扣经过了什么样的研究。因此,只好给以新的命名。

我自己刚好在一年前竣工的建设省皆濑大坝处修建的市野桥上感到有采用中央扣的必要性,就将钢棒和弹簧组合使用,开发了不仅能承受拉力,也能承受压力的构造(图20),尚且是在一点也不知道塔科玛桥坠落和中央扣有着扯不清的重要的意义的情况下开发的。

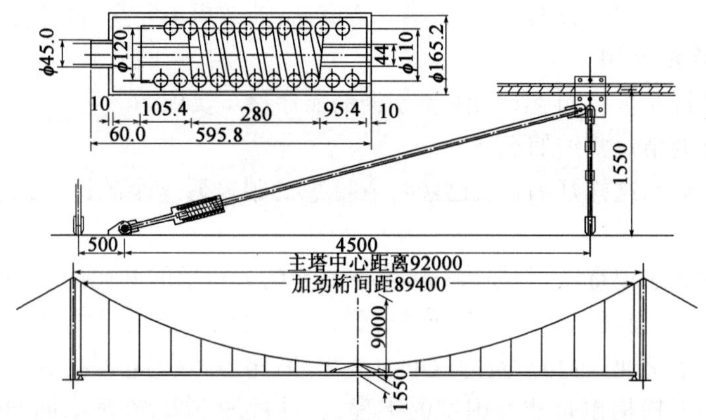

图20 市野桥的中央扣弹簧(尺寸单位:mm)

要是我的话,肯定要好好研究,但当代一流的咨询公司集合了三位大师,却什么研究也没做,是不是很奇怪?研究出自于意志,是不是没有这方面的意志和动机呢?

从一开始,他们就不是真正想采用中央扣的……

但是,能采用中央扣吗?即使采用,是不是好的结构呢?为什么用那样的方式来处理中央扣的问题?我认为应该是没有什么理由的,如果真的没有什么理由,在我的认识上,总觉得这样的处理方式存在什么问题。也许这样的判断比较轻率吧。

我整理至今为止的问题,将《金门桥的补强改造》报告书中主要的疑问点归纳成五点,并改换眼光来看,给出结论。

疑问点:

一、为什么风洞试验仅仅停留在部分模型,是不是知道中央扣的效果,故不进行全桥模型试验?

二、未做全桥模型风洞试验,怎么知道中央扣:

1. 一旦扭转动发生,其效果差?

2. 其效果不能定量地确定?

3. 常和缓冲装置共同使用,没有单独使用的例子等等?为什么横挑鼻子,竖挑眼呢?

三、旧塔科玛桥的桁端缓冲装置早早地发生了故障而不能动作,和没有安装一样。为什么敢无视这个事实,不至于是不知道吧?

四、逐次实施的补强方案的顺序中,为什么放着最易施工、费用相当便宜的3600万日元的中央扣不管,而将安装费用12亿6千万日元的下横构作为第一选择,为什么?

五、提案中的中央扣的图和旧塔科玛桥的中央扣并没有改进,是个什么研究也没做的设计,为什么就那样把图纸摆出来?

还可能有其他问题,但主要的就是这五点了。

那么这些疑问如何处理,应该怎样解决呢?

科学家常常提出假设,例如地动说、万有引力法则等,提出的假设若能无矛盾地解释诸多现象,假设就是真理。

列举的五个疑问点,可以同样那样地处理,只由一个假设,就能说通五个所有的疑问点的话,是不是就可以认为是真实的。

在这样的情况下,建立一个假设是可能的,就是前面已经接触过,本报告书制作的三人所说的"从一开始,就没有采用中央扣的打算……"更极端一点说,为什么他们无视中央扣?是不希望采用。

这个假设是极其大胆的,根据这个假设,前面的五个疑问都可以明确地解决。不进行全桥模型风洞试验的理由、对中央扣的说三道四、旧塔科玛桥的缓冲装置、补强方案的顺序,而且还有臆造、杜撰的图纸,总结了所有一切报告书的三人技术者,都可以在不采用中央扣上得到说明。

那么,他们三人为什么不希望采用中央扣?为什么无视中央扣?实际上我还有解不开的谜,这个谜解不开,假设不得不彻底地停留在假设之上。

19 温故知新

听了法库哈森教授的说明，我觉得所有有关塔科玛桥坠落的原因都明白了，访问旧金山，了解了金门桥摇动的原因及所采用的对策，还是有不明白的地方，希尔兹技师的话，三人的补强对策的方案，又使我的头脑变得混乱不堪。在这样的忙乱之中，已经到了昭和39年(1964年)的年末了，希尔兹技师告诉我，有关塔科玛桥坠落原因的正式报告若能到手的话，肯定可以多明白一些事实，但遗憾的是正式报告还没有拿到手。

马上就是昭和40年(1965年)了，年始年终的忙乱一结束，我首先想到的是调查过去因风而造成的事故，塔科玛桥坠落、金门桥摇动，还觉得有其他受风灾的桥。

稍微一调查，因风而受灾的吊桥事故还真不少，如表2所示。由法库哈森教授处得到的资料中也有显示。

由风坠毁的吊桥 表2

桥　　名	所在国	设　计　者	跨度(m)	垮塌年
德赖堡修道院吊桥	英国	威廉·史密斯	74	1818
联邦吊桥	英国	塞缪尔·布朗	137	1821
拿骚吊桥	德国	罗森和沃尔夫	75	1834
布莱顿链式吊桥	英国	塞缪尔·布朗	78	1836
蒙特罗斯吊桥	英国	塞缪尔·布朗	132	1838
梅奈海峡吊桥	英国	托马斯·特尔福德	177	1839
拉罗斯伯纳德吊桥	法国	勒布朗	195	1852
威灵吊桥	美国	查尔斯·埃莱特	308	1854
尼亚加拉·刘易斯顿吊桥	美国	爱德华·塞雷尔	318	1864
尼亚加拉·克利夫顿吊桥	美国	塞缪尔·基夫	384	1889

德赖堡修道院吊桥是英国桥宽 1.2m 的小吊桥，完成后半年破坏。

联邦吊桥是英国首次不单单行人、还可以能过马车的有纪念意义的桥，对于其设计者塞缪尔·布朗来说，是采用了他的专利铁链主缆的第一座真正的吊桥，但是这座桥，也在竣工后半年，因风而破坏。

拿骚吊桥，是德国莱茵河上架设的小吊桥，有铁链主缆，没有加劲，架设后平安无事地过了四年，仍然是风发生了严重的破坏，这时也看到了主缆的损伤。

布莱顿链式吊桥，由于有常常去现场的瑞得中校留下的报告书，里面有手绘的图（图 21），可以相当详细地了解该桥风毁情况。

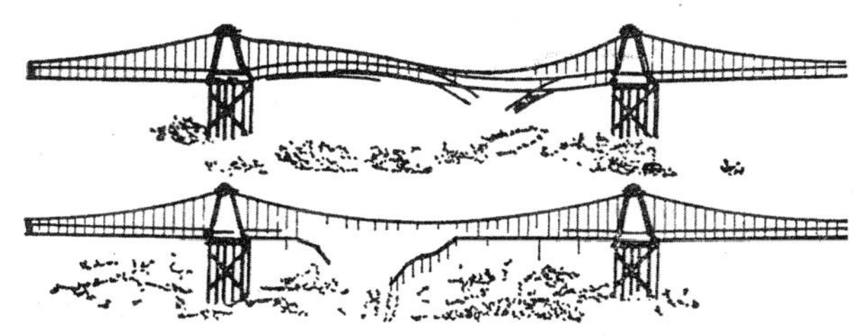

图 21　布莱顿链式吊桥的破坏

“布莱顿链式吊桥的主跨，由于暴风发生了两次破损。

第一次是在半夜，而是伴随着雷声大作的暴风雨，一般认为是落雷造成的损坏，但根据当时在码头从事补修工作的人说，不是因为落雷，也不是因为波浪，而是由风导致的破坏。

这次产生的损坏，实际上其程度和原因完全和前一次一样，但是这一次是在白天，1836 年 11 月 30 日午后 12 点半，许多人看到了桥梁的损坏，这里的第一张草图反映了破坏紧前，变形达到最大的瞬间，第二张则反映了破坏紧后的状况，桥梁只剩下悬吊桥面的链条……

这个草图中，两侧的边跨呈直线的描绘，是由于为了看清主跨振动的样子，当然，边跨中也是观察到有相当的摇动，桥上的步行者也报告了同样的振动。1836 年 11 月 29 日开始吹的风，简直就像热带的飓风一样，吹飞了近处的屋顶，树木倒塌，当时，在布莱顿街上居住的人们，非常关心风对吊桥的影响。

相当长的时间，吊桥的边、中跨反复都发生了相同的振动，第二天上午 11 点左右，风逐渐加强成为暴风，接近中午时，势头更加强劲，这时，有更多的人受好奇心驱使上到了边跨，对岸也可以看到人影。

过了中午，主跨度的波动逐渐增强，桥受得了？还是受不了？担心的人越来越多，而且不久，振动变得更大了，主跨前方的路面一下子沉了下去，看不见了……终于,主跨东侧的桥面开始破坏,向海中坠落。

紧后,桥的摇动更激烈了,东侧的桥面几乎都坠落已尽,桥的动摇如图 21 所示。”

扭转振动是否发生无法定论,但浮现在眼前的草图的破坏却是塔科玛桥坠落的原型。

表 2 所列的吊桥的破坏情况,一个一个的加以说明并没有什么意义。但是发现了梅奈海峡吊桥有扭转振动,威灵吊桥也有扭转振动的记事,足以引起人们充分的注意。

照片 29　威灵吊桥(跨度 308m)

1854 年 5 月 17 日,当时世界跨度第一的威灵吊桥(照片 29)被风吹毁,当时的情况第二天的西雅图邮讯报的记者作了如下报道。

“在深深的悲哀之中,无人不知的威灵吊桥被风吹垮了,成了一片废墟。

昨夜有数千人来到俄亥俄河流上架设的美丽的被市民引以为自豪的威灵吊桥,如今已是悲惨地残骸横卧,只剩下了两个塔。

昨天下午三时左右,记者和平常一样向吊桥走去,多少有些风、清爽的风,过桥时多少感到有点摇晃,不过还算有趣……但是过桥后不到 2 分钟忽然感到人们急急忙忙向桥跑去,记者也跟着人群回到现场,吊桥已经在异常的力作用下,乱滚乱翻了。

被喘不上气来的不安所笼罩,见到了在狂风暴雨中的小船一样的吊桥,有时,桥面高高地飞上塔顶,紧接着的瞬间,由于扭转,又向深处坠落,也就是吊桥整体呈扭转状态,接着吊桥的摇动落到了一定的形状,桥面在跨度中央呈反对称形态,这样的振动持续了一会,就见到了伴随着巨大破坏声音,咆哮着向上,令人头昏目眩地又向下坠落在水中滚去。

为什么?这样品质出色的桥发生了破坏?其力学的原因,只能等待今后发展的结果了,但无论如何,以记者的眼光看,那么品质出色的桥的桥面和吊桥简直就像在塔与塔之间编制的竹筐一样,在左右转动晃荡,一旦发生摇动,是不是带有逐渐增大的力量呢?而支持桥梁的主缆抵抗这样的运动的力一点也不少。但像文字所说的,桥摇呀摇,从固定部扭断了。

这个事故,没有人命的损失,可以说是幸运的事。”

20 被风摇动的“桥”

调查之中,恐怖的事缠绕着我。

那就是在旧塔科玛桥看到的悲惨事故,对于吊桥来说,绝对不是什么特异的事。

“塔科玛桥因风而产生振动,终于发生了破坏,实际上只不过是历史的再显吧了。

以过去的记录为线索,完全同样的振动都发生过,许多吊桥都跳过死亡前的狂舞。而且,所有的场合中,桥的刚性或称为刚度不足是导致这样惨事发生的原因。

采用坚固、牢实的加劲桁架,可以阻止吊桥的摇动,但近年来轻视刚性的倾向又发生了,以至亡灵复苏了。”

塔科玛桥坠落后四个多月,于1941年3月13日出版的工程新闻纪事上登载了哥伦比亚大学教授J·K·芬奇的论文《风造成的吊桥被害数例》开头的一节,论文还带有画蛇添足的副题“加劲桁架的发展和衰退”。

根据芬奇教授的说法,吊桥自19世纪开头由詹姆士·芬利发明以来,是常常摇动的构造物,因风而微微作响的桥。这样的吊桥作为难以摇动的结构确立了近代结构物地位,是提倡吊桥用“桁架”加劲之后,并在跨度252m的尼亚加拉铁道吊桥上得以实现,这个人就是约翰·罗伯林。

约翰·罗伯林其后又设计了跨度486m多的布鲁克林桥,明确了加劲桁架的地位,时间终于跨进了20世纪。

“罗伯林的功绩,与其说加劲桁架的理论,还不如说将主缆和加劲桁架一体的理论牢固地扎下了根。

1903年完成的威廉斯堡桥(照片30),伴随着铁道和电车的普及、设计荷载的增大,受到主缆和加劲桁架一体的吊桥设计理论的影响,具有过去从未有过的稳重加劲桁架,恐怕今后再也不会造这样的桥了,威廉斯堡桥的加劲桁架高达

12m,和塔一起构成的结构,与布鲁克林桥相比,感到就像大象和长颈鹿一样。

1909 年竣工的曼哈顿桥(照片 31),更加纤细,带有现代风格。曼哈顿桥所用的设计理论是莱奥·S·莫伊瑟夫介绍而来的更精细的"挠度理论",首先考虑主缆和加劲桁架两方的挠度影响,由于这样的原因,曼哈顿桥称为现代吊桥的开端,以后还有 1926 年的费域·卡姆登吊桥等。

照片 30　威廉斯堡桥

照片 31　曼哈顿桥

威廉斯堡桥,曼哈顿桥,都是包含轨道的纽约的吊桥,在美国国内的其他地域,事情多多少少总会有差异,地方上不含轨道的情况较多,因此加劲桁架比较小,这个时代架设的吊桥牢固、稳重的结构多,看不到前一个世纪发生的振动问题。

但是,交通情况又发生了变化,从铁路时代,转向了汽车时代,不再需要那么严格的荷载条件,资金和航运码头的要求,也都希望用比较轻快的结构物来代替。"

照片 32　乔治·华盛顿桥

在这样的形势下,1931 年开始了乔治·华盛顿桥(照片 32)的建设,这个桥最终是双层桥,上层是一般的汽车,下层是轨道交通,但轨道作为将来的计划线路而被推迟,因此,当初仅仅是汽车,因此没有加劲桁架的必要。

这到底是个什么事呢?跨度超过 1000m 的吊桥的主缆是非常大的,仅仅是汽车,就好像是张的一张网上停了一个苍蝇的影响,而且乔治·华盛顿桥是现代吊桥中最初的无加劲的吊桥——它

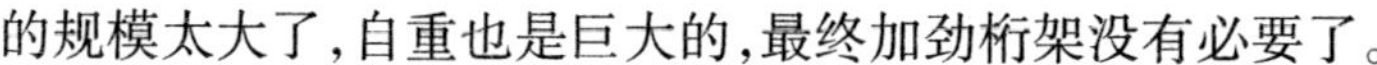

的规模太大了，自重也是巨大的，最终加劲桁架没有必要了。

有了乔治·华盛顿桥的经验，桥梁技术者对加劲“桁架”的认识是未必是吊桥必不可少的构件。

代之而来的是比较低的加劲“桁”，轻快的高速道路吊桥的设计就是如此，就垂直荷载的分配而言，仅加劲桁就够了。

当然对横方向吹来的风荷载而言，这样的桁加劲轻而细长的吊桥和用桁架加劲的牢固稳重的吊桥相比，刚度低，由此产生更多的横向挠度，但这样的横向挠度由静力处置已经充分了，例如 2m 啦，3m 啦等等的横向挠度，设计时决定许容的范围即可。

不知不觉地，技术者们已经忘掉了风的恐怖，由罗伯林将加劲桁架和主缆组合以来，风暂时没有带来它的威猛，20 世纪建设的近代吊桥和风的威力无缘，而且吊桥再一次由静荷载，即桥不动，静的荷载加力的平衡条件中继续前行。

乔治·华盛顿桥使人再认识“自重”所具有的意义，这个倾向更加加快，吊桥只要自重大，活荷载、静风荷载的变形相对就小。更进一步，为了更经济的设计的技术者的良心，符合时代的要求，助长了这种倾向……

将 1855 年 5 月 11 日的约翰·罗伯林的尼亚加拉铁道吊桥的工事报告书中最后的一节抄录如下。当时的技术者们，对于这样的先知者锐敏的洞察，已经成为过去，忘了。

“吊桥的‘自重’若和其他的因素组合在一起的话，是桥增强抵抗挠曲的最有效的措施之一。以威灵大桥为例，这个仅依赖自重设计的桥，却是导致吊桥破坏的原因，威灵大桥因风开始上下振动时，自重本身带来的威势力量达到了破坏……

不能抵抗挠曲的悬吊部分，强风吹来，中央发生了左右相似振型的振动，为了增强稳定性，抑制振动，有必要将构件组合成三角形，回复平衡……

由风引起的振动一旦发生，具有自身的力的大小而发达（自激）的性质，达到大的运动量，超过主缆的能随的限度。吊桥的自重是抵抗风的一个重要的因素，但仅仅依靠它，却带来了吊桥的破坏。

简而言之，比吊桥的‘自重’具有更重要意义的是‘刚度’，即难以挠曲的程度，为了获得刚度，有各种手段和方法，而不只是指刚度本身。

吊桥仅仅不增加自重，‘桁’和‘桁架’的组合可能给人带来令人吃惊的刚度、期待的效果可从尼亚加拉铁道吊桥的例子中得到，机车和其牵引的车辆的荷载的影响，由于‘桁’和‘桁架’的组合在桥的全长分配，肉眼几乎看不见挠曲。”

▶▶▶ 21　苏醒的亡灵

已经忘却了罗伯林认为加劲桁架本来希望期待的意义,“近年来再次出现了轻视刚性的倾向”,再回头看看吊桥因风振动的问题,久眠的亡灵又苏醒了。

芬奇教授以具体的事例做了说明。

1938 年的夏天,对于当时的技术者来说是“没有前例”的现象,实际上在跨度 1280m 引以为自豪的世界最大的吊桥——金门桥上发生了,横向吹来 35m/s 多的风作用下,产生 32.4m 的水平挠度,同时发生了振动,在悬吊加劲桁架的吊杆中,到了相邻的两根发生碰撞的程度。

英国的小说家麦阿里秀小说中的主人公科学怪人弗兰肯斯坦复活了,金门桥是用桁架加劲的,对于当时的技术者来说,不能想象发生了这样危险的振动。

同样的振动,在 1938 年完成的千岛吊桥和缅因州的鹿岛吊桥上也有发生的报告,这两座吊桥研究了各种抑制振动的措施,采用了主缆和桥面间张拉中央扣,梁端和塔间安装阻尼器,成功地抑制了振动。

人们对轻巧、姿态优雅的吊桥评价高,但布朗克斯白石吊桥的振动也不是例外,长、轻、刚度低的悬吊桥极易摇动,立刻进行了补修工事,同时慎重地观察,至今还在持续……

根据调查,即使是现代的吊桥,由于风的亡灵而发生的意外多,例如 1952 年以后,美国土木学会吊桥研究委员会调查的结果如表 3 所示。[转载自平井敦著《钢桥Ⅲ　修订版》昭和 42 年(1967 年)]。

根据这样的事实来看,芬奇教授认为教训是明白的,故而断言。

“当然旧塔科玛桥在构造上也许可以说是特异的结构,其桥面的形状,桥面结构具有的固有频率,更进一步主缆和塔的固有频率等等,所有这一切都向不利的方向重合,桥的摇动变大,终于可能带来了破坏。这样的调查,由各种各样的种类和形状的桥面和主缆制作出来的吊桥成了同样振动的牺牲品。

最近吊桥因风发生的振动(ASCE 吊桥研究委员会,1952)　　表 3

桥　　名	振 动 状 况	跨度(m)		垂距(m)	主缆间距(m)	恒荷载(t/m)	加劲梁		
		主跨	边跨				型式	高度(m)	断面 2 次距(m^4)
Tacoma Narrows(美国塔科玛)	比较低风速发生数种挠曲振动,14m/s 以上的风速发生了导致破坏的扭转振动,1940 年 11 月 7 日坠落	853	335	70.7	11.9	8.5	板梁	2.4	0.154
Thousand Islands(加拿大)	中央扣安装前倍振幅最大 61cm 弯曲振动,中央扣安装后,主跨 1/4 点 38cm,边跨中央 30cm	244	107	—	9.3	4.8	板梁	1.8	—
Deer Isle(美国缅因州)	初期 15 ~ 25cm 的挠曲振动,安装拉索。1942 年 12 月 2 日,32m/s 风吹下发生单边振幅 3.8m 的一次对称挠曲振动,后安装更安全的拉索	329	148	32.9	7.2	3.6	板梁	2.0	0.050
Bronx-Whitestone(美国纽约)	最大倍振幅约 75cm 的一次反对称挠曲振动发生后补强,桥轴方向受风时也常发生振动	701	224	61.0	22.6	16.3	板梁	3.4	0.318
Fykesund(挪威)	可见 1、2、3 次的挠曲振动,倍振幅约 1.6m,1945 年后安装中央扣,未见振动,没有扭转振动	230	—	29.1	7.2	4.6	I 形梁	0.45	—

续上表

桥名	振动状况	跨度(m)		垂距(m)	主缆间距(m)	恒荷载(t/m)	加劲梁		
		主跨	边跨				型式	高度(m)	断面2次距(m^4)
Beauharnois(加拿大魁北克)	桥轴方向风时,产生对称挠曲振动,最大倍振幅33cm,横桥向吹风时,无振动	177	—	17.7	9.1	5.1	板梁	2.3	0.108
Golden Gate(美国旧金山)	横桥轴向吹13m/s以上风时,发生对称扭转振动,双边最大振幅1.2m。1951年12月1日风速约31m/s时,发生一次反对称扭转振动和挠曲的混合振动,单边振幅1.2~1.8m	1280	343	143.3	27.4	31.7	桁架	7.6	5.275
George Washington(美国纽约)	平稳的挠曲振动和极少量的扭转振动	1067	186	96.3	32.3	47.0	无加劲	—	—
Lions Gates(加拿大温哥华)	风速为22~27m/s时,发生振幅约8cm的一次对称振动	472	187	45.7	12.2	6.8	桁架	4.6	0.629
Peace River(美国阿拉斯加)	微风可见极少量振动,风速为18~22m/s时,双边振幅约10°的对称扭转振动	283	142	28.3	9.1	6.7	桁架	4.0	0.623
Liard River(美国阿拉斯加)	微风时小振动,16~18m/s的风发生木铺盖板相互运动,醒目的扭转振动	165	71	16.5	9.1	4.5	桁架	2.4	0.120

简而言之,历史的现象再次重演,但对于专门从事吊桥的技术者来说,总觉得是不知道这一点的。”

塔科玛桥的惨事,绝不是特别的前所未闻的事,它是忘却了风的动力影响的恐惧、轻视了吊桥的刚性所具有的意义而带来的回报,当然是应该发生的,过去的亡灵又复苏了。

“为准备风的动力作用的影响,已明确首先增加吊桥的刚性,增强刚性的一般方法有加重桥的结构和用加劲桁架,此外,也可考虑更经济的方法。

例如对于已有吊桥的补强方案,罗伯林他们采用的是塔索的方法。为什么这个方法对于新建吊桥,绝不是解决问题的本质方法,好像是非到了某种程度才不能不接受的方法。

无论如何,今后随着风动力学基础研究的进步,桥梁技术者们一定会关于桥梁抗风的问题有更完全,而且更经济的解决方法。”

芬奇教授的结论是极为妥当的,但教授论文的最后部分,实际上是别的意思,却引起了我的注意,那就是罗伯林他们采用的斜拉索的方法,为什么对于新建设的吊桥,绝不是解决问题的本质方法,好像是非到了某种程度才不能不接受的方法。

看到这个地方,给我非常强烈的印象,有关林登塔尔工程顾问的言论,浮上了心头。

“1858 年,英国的学者、数学家兰肯把加劲吊桥理论体系化了,就我们所知,他的理论在美国没有使用过的痕迹,恐怕这是罗伯林由低的加劲桁架和从塔顶向加劲桁架斜向张拉的索,称为塔索的组合的吊桥已经在美国成功应用,而且更轻、更经济。

顺便说一句,布鲁克林桥的挠曲和应力是用模型试验求出的,对于道路荷载,建设其有充分刚度的吊桥是可能的。

由罗伯林方式建设的铁道,道路使用吊桥,如在尼亚加拉河上的跨度 244m 的吊桥未必可以说是成功的,那是一座‘啪啦啪啦’作响的结构物,以后用钢拱桥取代了。”

（斯坦因曼著《吊桥的通用挠度理论》1934 年美国土木学会论文集对 1918 号的讨论）

照片 33　罗伯林的尼亚加拉铁道吊桥

作为参考,照片 33 是该桥存在时照

的相。主要构件用木材,由桁架组合而成的吊桥实际上使用了 42 年,林登塔尔认为是失败的,但稍微还是有一点不同的意见,当然现在也没必要说三道四了,这是芬奇教授和林登塔尔两位共同之处。

1. 塔索作为增强吊桥刚性和手段是经济而且有效的。

2. 但是塔索始终应该是辅助的手段。

这两点使我感到注意,从表现方法不同的两人的文章中,我体察出了这样的意义。

那么为什么经济而且有效的塔索要作为辅助的措施? 我想看看当时的技术者在塔索是主要的还是辅助的问题上的界限是什么?

当时的解析手段,离正确地计算塔索上作用的力还相当远,而且这样的计算还不涉及其他的构件,塔索只作为增加刚性的手段成了技术者们不得不考虑是否使用时的犹豫。

更进一步类推,中央扣采用或不采用,好像各自也有能说出的理由,中央扣也是当时的解析手段不能严密地计算的,因此,金门桥补强时,潘恩,安曼等人可能不把中央扣放在第一位的理由……

塔索也好,中央扣也好,承认是对吊桥有效的,为什么以往却作为辅助的手段? 对我来说,总觉得对理由有共通的认识。

22　正式报告书(1)

我访问美国的第二年，是昭和40年(1965年)，塔科玛桥坠落的正式报告书还未到手，进入昭和41年(1966年)后，春天来到，树木开始发芽，期待的正式报告书终于到了我的手中，那是希尔兹技师告我有一个正式报告书后的一年半多才得到的。

想不到这么苦劳的一个理由是正式报告书和一般出版物不同，有对相关者限定出版的规定，从东京大学土木研究室的图书室到日本国立国会图书馆，到处都去找过，但均以徒劳为终，不得不考虑这个报告书是进不了日本的。

报告书到手之后看出版日期，提出报告书的时间是1941年3月28日，相当于日本的昭和16年，这一年的年末的12月8日，爆发了太平洋战争，这是日美关系最恶劣的年份，这样的报告书进不了日本是理所当然的，是合乎道理的，但我不辞辛苦地向美国方面索要，终于到手了。

那是美国政府正式委托由西奥多·冯·卡门、奥斯马·H·安曼、库莱·B·伍德拉夫三人组成的委员会编制而成的全部共有290多页的正式报告书。

委员中的卡门是有名的流体力学大家，以大家熟知的卡门涡而闻名。当时在加利福尼亚大学帕萨迪纳任教，还担任丹尼尔·古根海姆航空研究所的主任，其他的两位均是有名的顾问技师。安曼因建设乔治·华盛顿桥而出名，其后又施工了世界最大的维拉扎诺桥，而伍德拉夫设计了当时世界最大规模的旧金山奥克兰海湾桥的上部结构，都是响当当的有名的大家。

委员会的组成成员是这样的优秀，从今天我们的目光看也是十分权威的，事故发生后的四个多月，在比较短的时间将报告总结出来，其中有关问题的大部分都回答了。

报告书的构成也很有技巧，首先开始是结论的总结和序文，然后章的分法是：

第一章　吊桥的历史和反应
第二章　设计的再研究
第三章　和其他吊桥的比较
第四章　吊桥作用的空气力和其影响
第五章　结论
补遗(1 ~9 共140 多页)

补遗中收录了莫伊瑟夫将加劲桁架的初步设计变更为桁的意见书,事故目击者的证言,吊桥的振动解析和风洞试验的结果等,都是引人注目的问题。

顺便说一下,报告书结论的要点是:

“报告书中详述,经过调查的各种结果,我们得出了以下的结论。

1. 塔科玛桥和一般类似结构一样,应考虑的静的外力,包含风,设计和施工上都进行了充分的考虑,因此,事故的原因是考虑以外的动的压力——因风而产生的过度振动而引起的。

2. 这种过度的铅直振动以及扭转振动的发生,起因于本吊桥极端的刚度低下和动的能量吸收机理的缺陷。

过去的中小吊桥常常见到的风的事故,可以说多少和吊桥的刚度有关。但塔科玛桥这样长的近代化的长跨度吊桥,发生了同样的形式的风灾,是至今尚未考虑到的。

3. 塔科玛桥的铅直振动,恐怕是由于风的紊乱而产生,而且其振幅由悬吊断面的空气力学特性而定。

空气力学的不稳定程度,不考虑铅直振动发生的时间和更强的风产生的扭转振动一起,一旦发生了振动,自然而然地随着激烈程度的增加,显示出不稳定的倾向。

4. 铅直振动发生在塔科玛桥完成之前的桥面结构施工期就开始了。断断续续地一直持续,有时也有超过应力容许值的情况,但都没有见到吊桥损坏的报告,这样的情况在中央扣中也是同样的,有过度的应力作用的观测报告,但没有特别的损伤。

5. 事故的起因恐怕是中央扣安装之后,北侧主缆的索夹产生了滑移,诱发了扭转振动,直至达到加劲桁局部产生了破坏,终于导致了塔科玛桥的坠落。

接着主跨度悬吊部分的破坏,主要是吊杆的破断,其后失去了平衡,边跨发生了大的下垂,塔,加劲桁超出了疲劳界限。

6. 塔科玛海峡是架设吊桥最合适的地点,而且塔科玛桥也是最经济的桥。

7. 华盛顿道路收费公司选择的咨询公司在实际的工程和名声上绝对不是不

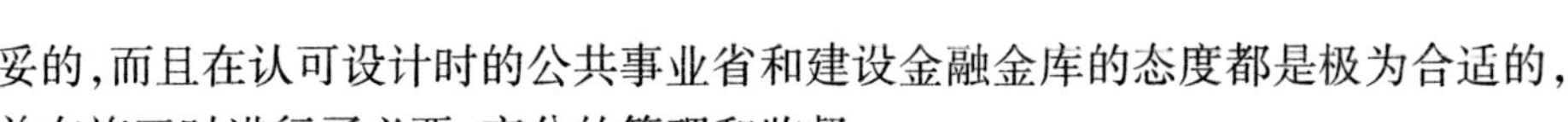

妥的,而且在认可设计时的公共事业省和建设金融金库的态度都是极为合适的,并在施工时进行了必要、充分的管理和监督。

8. 桥的施工以及一切施工所用的材料均无问题。

9. 塔的局部有相当大的疲劳超限,有产生永久变形的位置,除去主缆北侧的主跨中央部,特别的损伤并未看到,而且唯一的主缆损伤也是扭转振动开始后边跨产生了大的挠曲后的结果。

桥墩由于桥面结构坠落时的冲撞多少有些损伤外,并无其他破坏。比塔科玛桥更大的塔的反力也能够承受,锚碇也无损伤,可以证明这些部位的设计是妥当的。

10. 明确了至今对于静力学考虑的一般则性的准则,对动力学而言,未必适应。

11. 塔科玛桥安装的应急措施抑制摇动的手段是正确的,有更好的效果,包含塔索等处置措施还在研究进行之中,悲惨的坠落发生了。理所当然地会想这样的应急措施应当怎样实施? 能救出这个刚度极度低下的吊桥吗?

12. 由于加劲桁断面加风嘴的流线化,能否抑制吊桥的铅直振动意见未必一致,流线化的方法相反的助长扭转振动的情况也时有发生。

13. 涉及吊桥的空气力学的影响,希望今后从实验和理论上更进一步的研究。

14. 吊桥的抗风稳定性,今后的进一步研究是必要的,但绝不是现阶段的知识和经验,能完全设计出安全的吊桥,除去相当的不经济,经济的设计是可能的,有必要进行研究。

15. 本报告书是关于塔科玛桥的,也有其他吊桥相应的各种资料。

以上的15项,是正式报告书结论的要点。”

▶▶▶ 23 正式报告书(2)

关于塔科玛桥坠落的正式报告书首先在开头写了总结，接着在第一章里讲述吊桥建设的历史、完成后的反应、有关的破坏状况等。其中很多都是我知道的，只不过多少详细了一点，并无什么特别耳目一新的内容。

接着在第二章中，对设计进行了研究，包括结构形式、荷载、桥面结构、主缆、吊杆，还有制振装置。这里我有点疑惑，就是“跨度中央使用的中央扣”其说明是“这样的中央扣，归根结底不过是很小的构件，而且弹性伸长也很微小，仅对比较小的主缆变位有效，在主缆限制的变位范围之内，可显示相当的阻尼衰减。在布朗克斯白石吊桥这个现象已经明确了。

塔科玛桥并不能考虑中央扣有很大的作用，那样激烈程度的振动，中央扣的斜索中当初导入的预应力早已损失殆尽，伴随着主缆的运动，中央扣斜索极端地松弛，下一个步骤间又受到冲击而张拉，而且还是交替反复进行的，以至达到中央扣斜索断裂、索夹滑动的结果……

以上所述以经验为基础，可以得出以下的结论，即如果中央扣设计适当的话，对吊桥的铅直振动有某种程度的阻尼衰减效果，但是一回回的松弛，就已经使其阻尼衰减效果消失，而且主缆激烈运动时，其本身也构成了新的危险因素。布朗克斯白石吊桥在做模型试验时，观测到塔索比中央扣有更好的效果。”

中央扣仅对初期的铅直振动发挥了作用，振动激烈时，还不如说是负的作用，这种写法，我是不能同意的。看了潘恩、安曼、安德鲁三人写的关于金门桥的补强改造报告书，相同的疑问在我的脑海中萌生了，那就是接着看到“主缆索夹的滑动和其影响”时，一个更大的问题产生了。

“不认为跨度中央的主缆索夹会滑动，常规设计的中央扣限于能确实完成功能，两根主缆的中央作为节点，确实是看不到反对称扭转振动的，恐怕一个主缆索夹发生滑动的时间开始，吊桥就易受到扭转的影响，而且瞬间诱发大的扭转弯矩，成为两根主缆相互间产生相位差的原因……(中略)……

这样在塔科玛桥所见到的一系列的经过，都由法库哈森教授通过试验进行了确认，试验的结果是，没有中央扣的吊桥比有中央扣的吊桥对扭转更为敏感，中央扣已明确了能抑制扭转振动的效果，并由中央扣有效动作时不发生扭转振动的事实加以说明。模型试验中，只在主缆的一侧安装中央扣，其结果是和完全不安装相比，多少增大了扭转的刚度，比两侧的主缆都有中央扣时，却显示了不好的效果。”

这里清楚地举出了中央扣的效果，只要索夹不滑动，中央扣不断裂，模型试验已经证实了看不到塔科玛桥扭转振动的事实。

在此紧前所登载的一文之间，语气的差别到底是什么？都是相同的报告书的 56 ~ 58 页，仅仅在 2 ~ 3 页之间，却是完全不同的说明。我又一次注意将这两个文章进行对比，并将明确的事整理如下。

1. 前文写的是正式报告书的三人委员会的意见，后文则是引用法库哈森教授的试验结果。

2. 前文对中央扣的评价低，而且由布朗克斯白石吊桥模型试验的结果不如塔索有效，而后文中对中央扣的评价却相当高，而且断言其效果已由塔科玛桥的模型试验予以确认。

3. 以上对中央扣的评价有差别，前文和后文间存在着语气的差异，有关固定中央扣斜索的主缆索夹的滑动，前文说“索夹的滑动会带来新的危险”，而后文却说“只要中央扣有效的动作，扭转振动不会发生”。可以看出两篇文章极端的解释立场。

接受华盛顿州政府的正式委托，事故调查的三位权威责无旁贷地采取何种见解呢？是主观地采用前文的意见，还是不顾客观事实，无视法库哈森教授的试验结果呢？

想一想，在报告书的开始，结论第 112 页“塔科玛桥安装的中央扣等应急措施，可以有效地抑制摇动”，紧接着又说“这样的应急措施怎样实施，对于极端刚度低的吊桥能完全救吗?”这里仍然是遗留着意义暧昧的说法。

如果中央扣有效果的话，中央扣斜索的索夹牢固地结合的话，塔科玛桥的悲惨的坠落可能回避。“一旦斜索松弛，效力消失，在主缆运动激烈的时候，本身就成为新的危险”为最终的结论。斜索只要不松弛，索夹只要不滑动，“中央扣可以明确地抑制扭转振动……塔科玛桥只要中央扣在动作之中，扭转振动就不会发生”的看法，好像是合情合理的。

看了关于金门桥的补强改造报告，虽说认可中央扣的效果，但我总感到是有意无视中央扣的，我不得不再一次把塔科玛桥坠落的正式报告书拿起来。

但是是有那样的事吗？权威的正式报告书允许那样的任意吗？还是我的看法有问题呢？

就这些点自问，又反复看，看到了一篇奇妙的文章，那就是第 3 章"和其他吊桥的比较"，下面将要说明的几点罗列如下。

"在千岛吊桥和鹿岛吊桥中看到振动和抑制这些振动的制振装置的效果，以'主缆拉索挽救了两座吊桥'为题，1940 年 11 月 5 日出版的工程新闻纪事介绍了这两座吊桥的情况……（中略）……

但是这些吊桥，从规模上来讲，类似于初期易挠曲的中小吊桥，对跨度是其 3.5 倍，重量是其 6 倍的大吊桥，没有什么参考价值。"

跨度是其 3.5 倍，重量是其 6 倍，不用说是指塔科玛桥，但是为什么千岛吊桥和鹿岛吊桥的经验"没有什么参考价值"？

实际上我自己在这里举出的"主缆拉索挽救了两座吊桥"的纪事，文中所述的方法引起我很深刻的记忆，因此报告书的处理方法有一点自以为是，有点奇异的感觉。

桥的规模小了就不行吗？工程的世界里常用的一般手法是用模型试验的方法推定实物的反应和应力状态，难道都是无意义的、荒谬的？

不用考虑这样显得糊涂的事，尽管规模有大有小，事实就是事实，对于技术者和自然科学者只有采取谦虚的态度才是不可缺少的要件吧？

24 被无视的吊桥

我再次翻阅工程新闻纪事里的文章,《主缆拉索挽救了两座吊桥》这篇正式报告书中的说明有一点暧昧,只能从其他文件中寻找有关主缆拉索的论述,否则,无论如何心里都过不去。

“细长的吊桥产生的不稳定的上、下振动,即铅直振动,实际上并不是在布朗克斯白石吊桥和塔科玛桥上开始的,一年前在纽约圣劳伦斯河上架设的千岛吊桥和缅因州的鹿岛吊桥,都在接近竣工时发生了显著的振动。

和千岛吊桥相关的技师罗斌逊和斯坦因曼两人立刻在主跨和加劲桁的端部之间强拉了拉索,称为主缆拉索,有效地抑制了吊桥的振动。

1939 年 6 月,在鹿岛吊桥上采用了相同的措施,将这两座桥都从危险的状态中挽救了出来。”

千岛吊桥的主缆拉索和振动如图 22 所示。

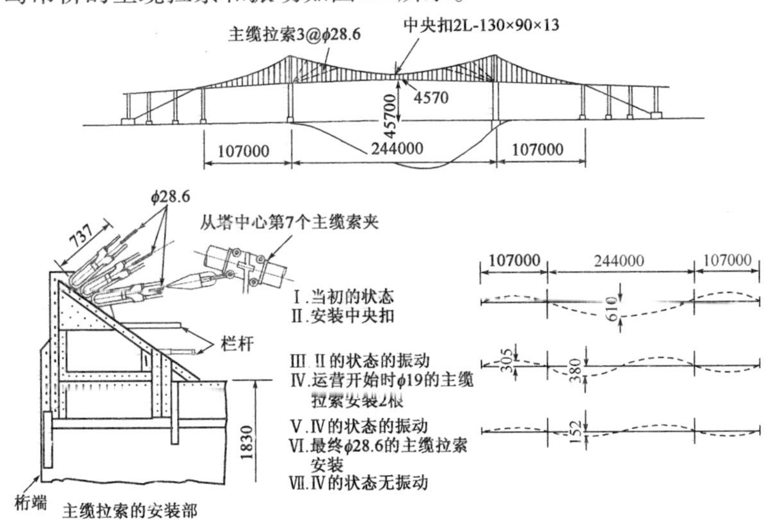

图 22　千岛吊桥的主缆拉索和振动(尺寸单位:mm)

“圣劳伦斯河上架设了两车道的两座吊桥,一座是去向美国的主跨244m,边跨107m,主缆及加劲桁的间隔是9.3m……而另一座的规模稍小一些,是去向加拿大的……摇动激烈的是规模稍大的桥,就先从这座桥说起吧。

1938年6月发生了最初的摇动,正好加劲桁架设完了,模板、工字梁的配筋还在施工之中,本想桥面混凝土浇筑完了之后,由于自重的增加可以简单地抑制振动,但是事态不像所想象的那样。

这个吊桥对桥轴方向吹来的风最敏感,一点点微风桥即开始摇动,其中7月12日看到了激烈的振动,约4s的周期,主跨和边跨交互产生反复的铅直振动,而且沿桥轴方向主跨还有像浪木一样的摇动,在短吊杆的主跨中央,摇动特别激烈。

抑制振动最初的尝试是安装用钢丝绳做成的中央扣。

安装之后,主跨的摇动消失了,振型中央有节点,向图22中Ⅲ所示的振型发生了变化。

为了更好地完全抑制振动,研究了几种方案,最终从加劲桁的两端向主缆张拉拉索,称之为主缆拉索,是最具效果的结论。

在温度变化影响最小的时候,向拉索中导入初期张力。

在开始使用前两天的8月1日用现成的材料张拉了主缆拉索。

直径19mm船舶用的绞车的钢丝绳,施加了约2.2t的拉力,连接在从塔侧数第4根、第6根的索夹上。

但是这样还不能完全制住吊桥的摇动,大约有15cm的振幅(图22V),因此采取了现在看来是最终的办法,即在塔侧的第三根、第五根、第七根,每侧三根施加4.5t的初期张力于ϕ28.6mm的钢丝绳子上,并连接在索夹上。

……

同时也将中央扣改成了型钢构件,替换了原先的钢丝绳,这个作业完成时间是1939年1月24日,吊桥再无第二次的振动,一直平安无事地使用至今。

而架设于圣劳伦河上的去向加拿大的吊桥跨度稍微短一些,架设地点的地理位置也很好,虽未听说有摇动的事,但为了慎重起见,采取了和跨度较大的去向美国的桥同样的措施,没有发生任何振动问题……”

千岛吊桥中架设在圣劳伦河去向美国的桥,如照片34所示,和塔科玛桥非常相似,纤细窈窕。无论如何让人有会发生摇动的感觉。

但是和塔科玛桥不同,千岛吊桥是罗斌逊和斯坦因曼两人设计的,中央扣和主缆拉索的组合巧妙地抑制了振动,风的亡灵被封住了,吊桥被彻底挽救了。

罗斌逊和斯坦因曼的想法是漂亮、精彩、彻底的方法,并不限定特定的吊桥。

千岛吊桥采用了，证实是有效的，鹿岛吊桥也采用了，更进一步证明了缆索系统的有效性。

“千岛吊桥发生了振动，正好在那个时期，有一座非常像细长的吊桥在建设中，那座吊桥就是缅因州的鹿岛吊桥。

千岛吊桥和鹿岛吊桥都是罗斌逊和斯坦因曼设计和施工的，但是鹿岛吊桥跨度更长，桥宽更窄，反挠度更大，条件更为严酷，因此预先就已经想到了鹿岛吊桥会被风摇动(图23)，故着急地将中央扣和主缆拉索在设计中已经考虑了。

照片34 千岛吊桥

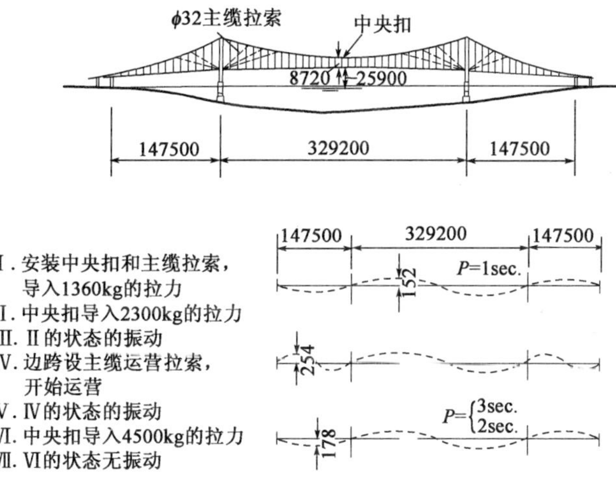

图23 鹿岛吊桥的振动(尺寸单位:mm)

实际上鹿岛吊桥开始摇动的时候，正是拉索系统在现场安装最紧张的时期，而且还是在拉索完全发挥功能之前。混凝土桥面板大概浇筑了一半，1939年5月下旬，强烈的东风吹动着吊桥，主跨度的四分点最大铅直振幅达18cm多。这时，中央扣已经安装完毕，主跨张拉的主缆拉索中已导入了1.4t的预拉力。

其后经过约三周，混凝土桥面板已浇筑完了，主缆拉索中导入了2.3t多的初期张力(相当于计划应力的一半)。

这样做的结果是主跨部分几乎没有振动了，想不到的是边跨的振动变得激烈,振幅有25cm之多。因此,采取应急措施,将主缆拉索安装在边跨,以便能赶上1939年6月开始使用。

使用开始后数周,鹿岛吊桥经常摇动,特别是有时边跨会激烈摇动,稍微有点北风吹来,三秒多的周期有18cm的振幅,有的时候主跨成为“运行无理”的状态,这样的振动进入8月以后,边跨新制作的正规的主缆拉索取代了应急的主缆拉索,导入的张力为设计值的4.5吨,但仍未止住摇动。

实际上,主跨张拉的主缆拉索的制作尺寸多少有些误差,比设计值稍微长一点,慌慌忙忙再一次改正拉索的套筒结合作业,这些作业完成之后,在拉索改变至设计值之前,主跨今天是两秒的周期,明天又是三秒的周期,反复重复着振动。

直径32mm的钢丝绳制作的主缆拉索缩小了长度,修改了拉索的锚头尺寸,提高了导入的拉力取得了十分好的结果。之后的十五个月的时间里,吊桥一次也没有摇动过。还有以上所述的主缆拉索的能力,全部都是钢丝绳产生的挠度为基准计算求出……(中略)……用主缆拉索抑制吊桥振动的方法,罗斌逊和斯坦因曼取得了专利。”

再一次读这个记事,个中内容十分丰富,是非常令人注目的记事。

罗斌逊和斯坦因两人使用和塔科玛桥同样的桁加劲的纤细的吊桥发生的振动达到完全克服的效果,为什么说“初期的易挠曲的吊桥……不能参考呢?”正式报告书中应该无视吗?

不管桥梁的规模大小,采用合适的拉索体系,例如中央扣,只要和安装初期施加预期的能力的主缆拉索组合,完全可以避免吊桥因风产生的振动,并已从实际的桥例中得到了验证。

为什么这样宝贵的经验,没能在塔科玛桥上得到应用?今天再一次读工程新闻报告纪事,过去所抱的疑问,再次在我的胸中涌起。

25 再看正式报告书

好像有点扯远了,还是再回到正式报告书来。

如前所述,报告书的第三章"和其他吊桥的比较"中,为什么不参考作为塔科玛桥先驱的千岛吊桥的宝贵经验,而随便地丢弃?而且如图 24、图 25 所示,在比较金门桥、乔治·华盛顿桥、旧金山奥克兰海湾桥和布朗克斯白石吊桥四座桥的研究结果时,塔科玛桥取值都异常大,和其他的吊桥相比,刻上了极易挠曲,而且也易扭转的吊桥特性。

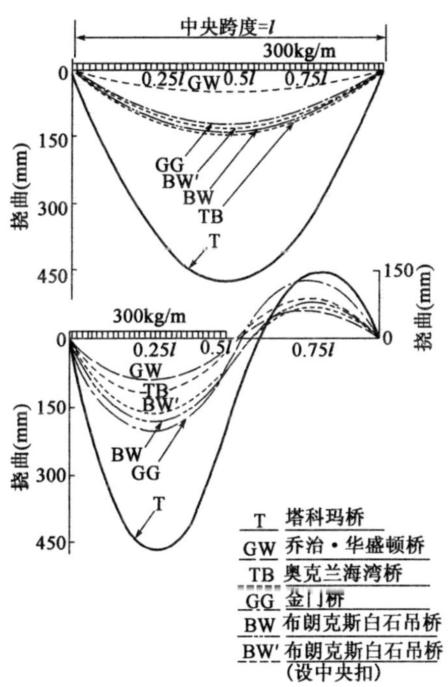

图 24 5 座吊桥挠曲量的比较

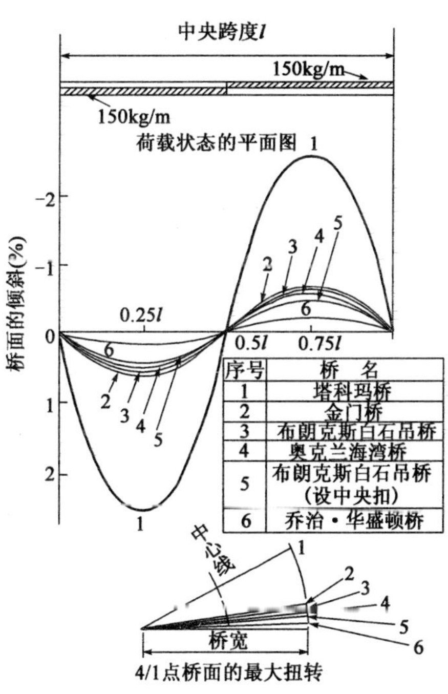

图 25 5 座吊桥扭转量的比较

给这些图多少加一点说明的话,首先是乔治·华盛顿桥在下层桥面未安装之前,几乎是无加劲的状态,比较的结果是只要有吊桥的自重,足以得到相当的刚性。

接着关于布朗克斯白石吊桥比较了采用中央扣和不采用中央扣的两种情况,明确了由于安装中央扣,铅直挠曲刚性和扭转刚性都大幅提高,但还是比乔治·华盛顿桥的刚度低,结果证明了吊桥自重的重要性。

图示五座吊桥中,塔科玛桥,金门桥和未安装中央扣的布朗克斯白石吊桥均有明显的摇动,在图 24 和图 25 上显示了这两座桥的刚度特点,都是易挠曲的结构。

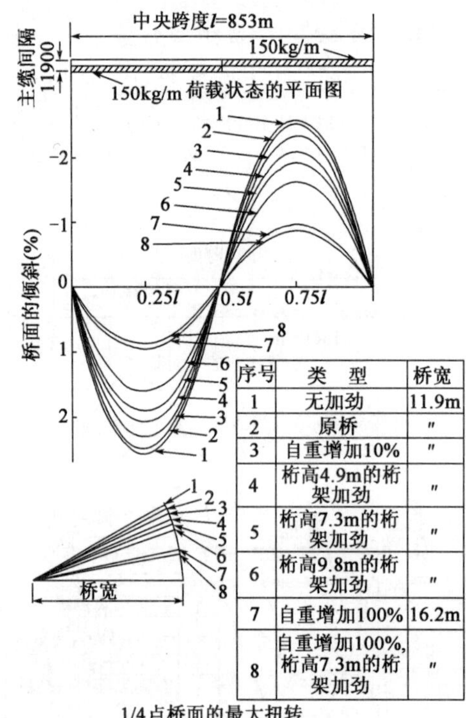

序号	类　型	桥宽
1	无加劲	11.9m
2	原桥	〃
3	自重增加10%	〃
4	桁高4.9m的桁架加劲	〃
5	桁高7.3m的桁架加劲	〃
6	桁高9.8m的桁架加劲	〃
7	自重增加100%	16.2m
8	自重增加100%,桁高7.3m的桁架加劲	〃

图 26　桥宽、重量、桁刚度对塔科玛桥扭转的影响(尺寸单位:mm)

以上述事实为基础,报告书中就各种各样提高塔科玛桥刚度的方法进行了研究,其中关于扭转刚度总结于图 26。

吊桥的自重,加劲桁的高度,还有桥宽,明确了这三个要素是怎样对扭转起作用的。这三个要素很好地组合,有可能制作出希望的难以扭转的吊桥来。

第四章是吊桥作用的风,即"空气力学的力和其影响",吊桥产生的振动,可以分为铅直挠曲振动和扭转振动两个部分,其产生的原因,最初认为是以下三个理由:

(1)断面自身空气力学的不稳定;

(2)存在周期的涡产生的机构;

(3)风的紊乱引起的强制振动。

所谓的"(1)断面自身空气力学的不稳定"是指法库哈森教授用塔科玛桥的部分模型,在华盛顿大学进行风洞试验的结果,断面本身有问题,会发生正常吹风下的自激振动。

但是,为了进一步深入地研究,在加利福尼亚工科大学进行的风洞试验中为了排除模型端部的影响,将部分模型做得稍微长了一点,为什么看不到不稳定的振动？将塔科玛桥的缩尺模型的加劲桁的高度加大一些，一开始振动就发生了，和华盛顿大学的试验结果不一致。

但是更微妙的是在斯坦福大学进行的金门桥的部分模型风洞试验，完全没有显示空气力学的不稳定，可实际上吊桥发生了摇动是大家都知道的事实，究其原因，可能是加劲桁架断面仅仅一点的空气力学的不稳定，由结构物内在的衰减阻尼抵消了。第二关于存在周期的涡发生机理是所谓由于卡门涡街扰乱气流的涡产生的周期和物体的固有周期一致时，发生了共振。

作用在加劲桁上的升力周期地取正、负值的时候，涡从加劲桁上和下交替发生，调查研究的目的当然是要证明是不是这样的。因此，进行了各种试验，试验结果也以照片表示，明确了涡发生的机理，遗憾的是涡的交互发生，只限于伴随振动的场合，而振动停止时，产生的涡是一定的定常方向。

上述的前两个理由，详细的研究产生了许多的矛盾，那就是正式报告书中为什么会出现“(3)风的紊乱引起的强制振动”，可以认为这是塔科玛桥铅直振动的原因，这样一看，也许能接受这种奇妙的结论。总结起来说，由于自然风本身内在的紊乱，吹向吊桥的速度、方向一起随机地变动，其结果是风的水平力(阻力)、升力也在变化，也就是作用于吊桥的风力，不仅大小，而且方向也变化，诱发了铅直振动。

这样发生的铅直振动，始终是随机的，逐渐地能量累积成长为周期的振动，特别是衰减性能低的吊桥，和固有周期相近的振动影响显著。这已是经过验证的。图 27 为塔科玛桥的风速和振动频率的关系，这里有高阶振动频率的原因是对应着更大的风速。

以上是关于铅直振动报告书的要点。

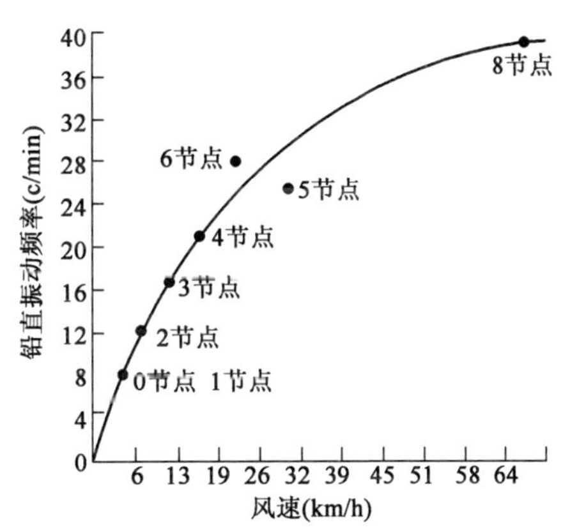

图 27　风速和铅直振动频率的关系

扭转振动和铅直挠曲振动的情况不同，若成为风洞试验的对象，在超过检验风速后表现为空气动力不稳定，检验风速与桥宽有关，桥宽越窄，检验风速越低。塔科玛桥的检验风速约为时速 40 公里。

这样的空气动力不稳定，可以以是否有负衰减来理解，气动阻尼比构造物阻尼小时，为正衰减，振动不会发散，对塔科玛桥来说是时速 25 英里

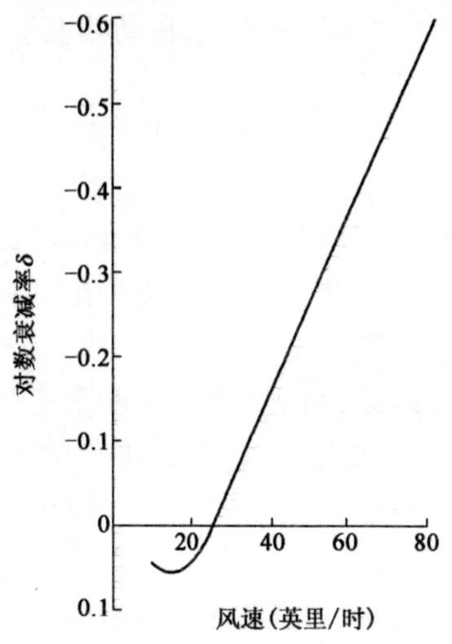

图 28　塔科玛桥原型的模型试验结果
(风速超过 25 英里时,对数衰减率成负值)

(40 公里)则达到临界值,如图 28 所示。

影响吊桥的扭转振动,尽管有铅直方向的因素,还有水平方向的抵抗断面,一般的桥,横向桁架和桥面结构占据了这个水平抵抗的主要部分,顺便说一下,塔科玛桥水平抵抗的断面力是铅直方向的 35 倍。

综上所述,扭转振动在低风速时看不到的理由是风的紊乱引起的强制振动不会简单地发散。但是一旦扭转振动发生,它是受自激振动而逐渐成长,最后终于达到破坏的激烈程度,从模型试验的结果推测,塔科玛桥发生事故时有 45 匹马力程度的能量存蓄,桥面发生正、负 45°的转动,并不是不可思议的。

26 正式报告书的结论

一看就感到，正式报告书的主旨是非常明快的，即塔科玛桥和其他的长大吊桥相比，刚度极端得低，而且抑制风摇动的动力特性，也就是说构造阻尼非常小，摇动格外激烈。

吊桥和其他桥梁相异的一点是，振动潜在的能量主要以重力功的形式储存，即吊桥像振子一样，构造上的阻尼性能和其他种类的桥梁相比相当地低，塔科玛桥又是个极端，法库哈森教授的报告中，这个阻尼值不过是一般吊桥的1/30。

吊桥产生的振动，当初考虑是由卡门涡产生的，或者是因为加劲桁形式的桥梁产生的气流阻力大，原先就不稳定，将两者简单地分割很难。仅靠这些理由，无法说明桁架加劲的金门桥的振动，而且以减少阻力为目的流线化加风嘴措施，其效果是有疑问的，相反，“风嘴的处理方式，存在着助长扭转振动的情况”，其后的研究已明确。

结果是关于吊桥的振动，考虑由风的紊乱带来的强制振动是最妥当的，吹来的风储蓄的能量，对应桥的风的强度，作为固有振动周期在外部显现，振动吊桥和吊桥内在的结构阻尼均衡被打破时变得不稳定，塔科玛桥仅是在铅直振动时这样的均衡没有被打破。

但是扭转振动的状况却大不相同。这时，几乎所有的吊桥风洞试验的对象都有共通点，即超过一定的检验风速就变得空气动力不稳定，进入负阻尼域内发散，如图 29 所示。而且检验风速有随桥宽变窄而降低的倾向，塔科玛桥的检验风速的值是 40km/h。

由以上的理由，塔科玛桥在 19m/s 速度的风下产生了扭转振动，急剧地发展成为坠落的惨事，而且这个扭转振动发生的“扳机”，恐怕是主跨中央部主缆索夹的滑动，主缆索夹的滑动带来各种各样的问题，这里直接引用正式报告书中的“结论”。

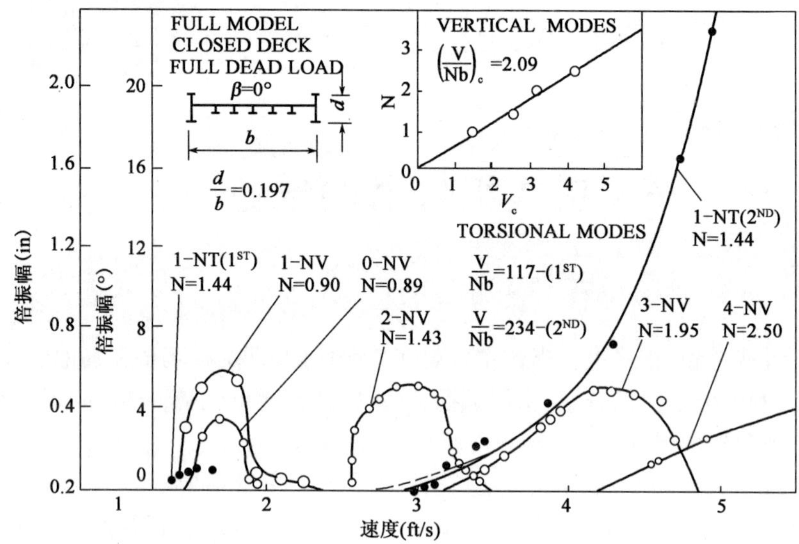

0-NV 无节点铅直振动
1-NT 1节点扭转振动
1-NV 1节点铅直振动
2-NV 2节点铅直振动
3-NV 3节点铅直振动
4-NV 4节点铅直振动

1952年由法库哈森教授所写的华盛顿大学的报告书中，明确了在塔科玛桥有两种类型的振动，一类是振幅随着风速的增加而增加，但达到某个大小后振幅反而变小，直至消失的“限定的振动”，另一类则是振幅随着风速的增加而急剧增加直至达到破坏的“破坏的振动”。

图中0～4-NV的铅直振动全部都是限定的振动，1-NT则是扭转破坏的破坏振动。

图 29　塔科玛桥的模型的风速和振动关系[单位:英尺/秒(ft/s)]

“几乎没有怀疑的余地,塔科玛桥的事故和主跨中央部的北侧主缆索夹的滑动有关,详细研究的结果,主缆索夹的滑动有两个原因,但不管用哪一个解释,总会得到相同的结果,即

(1)风是产生扭转振动的原因,当风速超过检验风速,中央扣达到了使用限度之后,首先主缆北侧的索夹发生了滑动,接着恐怕是南侧的中央扣也发生了断裂。

(2)由于在大的铅直振动反复重复之间,中央扣还有约束作用,首先北侧的主缆索夹发生滑动,以至约 700t · m 的弯矩作用在桥上引起了扭转,当然这时约束扭转振动的拉索的力已经消失,一旦扭转振动发生,就进入了不稳定域,振动成长越来越大。

上述两个原因中,应该采用哪一个并不构成问题,哪一个都会得到相同的结

果……”

确实，不论采用哪一个原因，结果是同样的，吊桥产生了扭转振动。

但是感到有些问题是这样两个原因，比中央扣断裂在先的是索夹滑动这样的书写方式，若相信中央扣因疲劳而断裂之后索夹发生滑动，本报告书的写法所反映的想法已经发生了根本的变化。

那样写的话，上面引用的文章中，我觉得全然没有接触中央扣的疲劳现象，真是奇怪，我觉得应该改正报告书的书写方法，即在任何情况下都是将索夹的滑动作为焦点的，中央扣拉索的疲劳只字未提。

这对我来说是一个发现。

这里引用索夹滑动的原因(1)和(2)，和疲劳全然没有关系的写法。

由自己随便决定，不论哪一侧的中央扣拉索因疲劳而断，另一侧由于张拉索夹而滑动的顺序好像是不对的。正式报告书的第二章中“主缆的运动激烈的时候，中央扣本身易构成新的危险”，报告书中没有表现出的意思，如今终于可以同意了。

好容易了解了报告书的立场，其后持续还有文章，就没有什么不可思议的了。

“以上所述的事情，如果中央扣再制作得结实一些？或全部不安装的话，塔科玛桥的悲惨事故可以避免吗？事实上是不可能的，不可能做到那一步。因为那是非常大的扭转能量已经潜在于吊桥内部，而且能量的大小具有和风速一起急剧地增大的性质。

即使主缆索夹没有滑动，即使这时的风发生不了垮桥的事故，比设计风速44.5m/s更低的风速，塔科玛桥已经破坏了。”

从某种意义上说，这就是报告书的结论。

拜访了法库哈教授以来，我一直对中央扣有效还是无效的问题抱有疑问，正式报告书的结论如此，说明了只用中央扣挽救塔科玛桥是无效的。

中央扣、油阻尼器、锚索等在塔科玛桥上实施的应急对策，如同第二章研究的那样，多少效果总是有的，但实际在这样的情况下，对于刚度极度低下的吊桥，没有大的效果。

不仅中央扣，包括其他几种装置，都是敷衍的对策，是救不了“刚度极度低下的吊桥”的，还不如说事故是本质的，应该发生，就发生了。

看完了正式报告书，我感到一股满足的心情。

千岛吊桥和鹿岛吊桥为什么没有采用？一定是相信中央扣会因疲劳而发生断裂。塔科玛桥的中央扣也没有防止疲劳的措施，是觉得不够十全十美还是只用卡门涡不能说明问题?

希尔兹对金门桥说明了补强顺序理由,我觉得开始明白了。

总之这是关于塔科玛桥坠落的正式报告书,而且开头还有著名的卡门博士的签名,还有修建乔治·华盛顿桥、维拉扎诺桥的当时世界最大吊桥的安曼以及旧金山奥克兰海湾桥上部结构设计的伍德拉夫,都是桥梁界的最高权威,写出了最应该信赖的正式见解。

我是一个半通不通的、提出有些无益的问题,可能有点奇怪,只有给出了这样考虑的答案,我才觉得我会诚挚地接受。看完期待的正式报告书后,我大致达到了目的,超过三年的和塔科玛桥的碰面,应该就要划上句号了。

但是塔科玛桥并没能把我解脱。

这一年,昭和41年(1966年)11月,我出席了在葡萄牙里斯本召开的国际吊桥演讲会,在那里,知道了现在想象不到的事实。

27 里斯本的国际会议

桥梁的世界,可以说20世纪是吊桥的时代。

拱、悬臂桁架梁桥形式的桥梁,500~600m是其跨度的上限,超过500~600m而一跃跨过1000m的跨度,而且还在延伸,说明了吊桥的构造型式具有足够的强度,但是不可思议的是,这样的长大吊桥都架设于新大陆的美国,20世界中叶其他地域还从来没有听到它的名字,更是没有长大吊桥的施工了。

美国以外的地区建设长大吊桥,是进入20世纪60年代以后的事,最初的是英国福斯道路桥和葡萄牙的萨拉萨尔桥。(译者注:现在的桥名是4月25日桥,本书仍沿用萨拉萨尔桥。)

1964年9月完成的福斯道路桥主跨为1005m,在美国以外的地域有着最先建设超过1000m主跨的荣誉,而萨拉萨尔桥主跨约有1013m,是美国新大陆以外的世界最大跨度的桥梁,1966年月开始使用。

萨拉萨尔桥开始使用时,因和葡萄牙首相萨拉萨尔有缘而被命名,实际上桥被临时取名,以跨过的河流命名为泰格斯河大桥。使日本人非常感兴趣的是:这个桥有几个特点,其中一个和日本一样,架桥地里斯本处于地震带上,还有一个是这个吊桥将来因要通过铁道而有修成双层桥的计划,其加劲方法在当初就已考虑,同时还有一个,即长大吊桥首次采用三跨连续加劲桁架的实例。

具有这些特征,吊桥的构造型式更为复杂,施工也采用了新的方法,因此,这样的吊桥在完成的时候,葡萄牙的国民和相关的桥梁技术者肯定是莫大喜欢,莫大高兴的。因此,萨拉萨尔桥竣工时,葡萄牙政府广泛地邀请世界的学者和技术者,召开了纪念该桥竣工的国际演讲会。

主办演讲会的是葡萄牙国家土木研究所(LNEL)和架桥公团(TAGAS BRIDGE AUTHORITY),赞助方有国际结构桥梁学会(IABSE),昭和41年(1966年)11月7日至11月10日的4日间在葡萄牙的首都里斯本召开。

正式参会人员177名,代表23个国家,提出论文44篇,日本有33名参加,提出论文12篇,我也以日本小组的一员,带着论文《吊桥的预应力架设法》,11

月6日进入了里斯本。

会议于11月7日开始。

上午办好了注册手续,比较悠闲地参观了国立土木研究所,下午三点开始演讲,我稍微有点紧张之后入席,英、德、法、葡萄牙四国语言作为正式的会议用语,有流畅地同声翻译的耳机,想起了在照片上看到的东京裁判的法庭。

当天登上讲台作招待演讲的是国际结构与桥梁学会的前会长,当时的名誉会长,对会议担负着重大指导作用的瑞士弗里茨·斯图西(Fritz Stussi)教授。

"大家好,长跨度吊桥的国际演讲开始之际,我首先追思刚刚去世的我多年的朋友,伟大的桥梁业者奥斯马·H·安曼,对推进本次会议顺利召开的曼纽尔·罗杰(Manue Roger)理事和康德·莫尼斯(Kent Moniz)理事给我这样一个机会,表示衷心的感谢。

在奥斯马·H·安曼生涯之中,两次架设了20世纪中最长的吊桥,即1931年主跨1067m的乔治·华盛顿桥和1964年主跨1298m的维拉扎诺桥,这两座吊桥都凝集着当桥梁技术的精粹,留传给后世赞美。

1937年竣工的金门桥,奥斯马·H·安曼不是直接的设计者,但他对于当时世界第二的吊桥金门桥的影响力之大是绝对不能视而不见的,他作为顾问技师进行了设计上的相谈,还有他架设的乔治·华盛顿桥是一个绝好的具有示范作用的先例。

此外,奥斯马·H·安曼还架设了当时世界上最大的拱桥1931年跨越范库尔水道主跨达到500m的巴约纳桥。

乔治·华盛顿桥是人类首次架设的超过1000m的吊桥,实证了巨大吊桥的施工是可能的,乔治·华盛顿桥成功实施的例子说明了今天在欧洲成功实现的两座吊桥,即英国苏格兰的福斯道路桥和葡萄牙的里斯本的萨拉萨尔桥才是有可能的……"

金门桥的补强改造报告书、塔科玛桥坠落报告书的执笔者,在业界早已熟悉的安曼,和今日长跨度吊桥的伟大、实际的亲密存在,其影响力无法估量,听了当时弗里茨·斯图西教授的演讲,使我又一次再认识了安曼,不幸的是安曼已在演讲会开始之前一年去世了。

照片35 萨拉萨尔桥竣工纪念银币

由他送给世界的长大桥,不仅在美国的土地上飞跃,还在欧洲开花,世界各国的桥梁技术者为了庆祝而聚会一堂,缅怀故人的功绩,作为悼念一个人的场所,再也没有这样合适的地方了。

"修建了乔治·华盛顿桥的安曼,1923

年提出了唯一的解决方案，即设计不仅是满足技术要求的，而且经济上也是合理的，他的设计基于对长跨度吊桥有着极深邃的洞察力。

活荷载对质量大的主缆影响比较小，因此不会对交通构成任何的障碍，安曼对此有充分的理解，而且在这些认识之上，他将结构设计推向正确的方向，他架设的乔治·华盛顿桥，当初并无加劲，仅上层桥面31年间没有发生问题，本桥产生补强问题是由于其后交通量的增加，要达到双层桥的使用目的，这时配合主缆拉力的增加，安装了纤细、苗条的加劲桁架。

如果说乔治·华盛顿桥开创了新的历史篇章，那么最新的一页则是安曼的杰作维拉扎诺桥，这个吊桥在竣工时，担任施工的纽约三区桥梁隧道公社出版了讲述该桥的意义，建设的经过小册子，这本小册子的第40页专门设了一章，讲可能使施工成为可能的人，在那里，举出的赞美的技术者只有一人。

‘作为不能忘去的人物，年龄已超过80岁的老人，他的名字是奥斯马·H·安曼。他所造出的巨大结构物无与伦比和普通的吊桥相比，真是差异悬殊。作为安特尼工程公司的社长，说话沉稳，态度和蔼，对谁都是礼仪周到的人。

这位老技术者自1931年修建乔治·华盛顿桥开始，在纽约市周边的桥梁几乎都和安曼有关。他担负了技术上的一切责任，纽约三区吊桥、布朗克斯白石吊桥、窄颈吊桥等都是他设计的。还有连接纽约州史坦顿岛和新泽西州的巴约纳市的巴约纳桥、戈瑟尔斯桥、外桥等三座，同样也是他设计的。

这样的业绩绝不限于纽约、旧金山的金门桥。特拉华河架设的惠特曼吊桥和特拉华纪念吊桥，他作为技术顾问参加了企划。

1904年，想在美国学习桥梁？带着不经意的态度信步走来的年青的瑞士技术者，却已在美国生活了60年，其间他已归化美国并为了美国的发展，做出了极大的贡献，今天，他已是世界最高的权威者了。’

维拉扎诺桥竣工之后十个月，奥斯马·H·安曼去世了，但是他的名字和他留给这个世界的桥，绝对不会在人们的记忆中消失。”

同样出生在瑞士，在瑞士的环境中成长的同胞当中，出了安曼一样的优秀技术者，想必弗里茨·斯图西教授引以骄傲吧。

以“长跨度吊桥的考虑方法”为题的演讲内容，几乎都在赞扬安曼，详细地述说了安曼的思想。

照片36　安曼

▶▶▶ 28 安曼和斯坦因曼(1)

弗里茨·斯图西教授所做的关于安曼的悼念演讲,对我有着极深刻的启示,前些年访问美国的时候,花了两三天的时间走访了纽约周边的桥梁,那时见到的几乎所有的桥,只是稍微知道一点是和安曼有关的,听过今天的演讲才知道几乎都是安曼建造的。

当时维拉扎诺桥已到了浇筑混凝土桥面板,塔顶还留有起重机的最后阶段,世界第一吊桥的样子已在眼前,我想到在不久的将来,日本也能架设这样的桥啊! 我被这样的愿景所打动。

确实安曼的名字在耳边响起,这样巨大吊桥的总指挥和尊敬的念头共同留在记忆之中,弗里茨·斯图西教授的演讲告诉我们安曼的功绩绝不单单停留在维拉扎诺桥上,世界长大吊桥直至今天还受到安曼的影响和恩惠。

但是赞扬安曼伟大之处的弗里茨·斯图西教授的演讲才过了几个小时,我就无意中听到了相反的窃窃私语。

国际会议第一天的日程,在弗里茨·斯图西教授的纪念演讲之后还有 9 人的发言,我也在其中。发言之后多少有些讨论,下午五时多会议结束。当夜,会议的主办方招待全体参会者参加了鸡尾酒晚会。

"只有弗里茨·斯图西教授能这样说啊!"

"同样是瑞士人,怎么这样多嘴多舌?"

"今天这样的场合,不能想象能说这些?"

"说那样话的是弗里茨·斯图西教授那样的人啦,简直就是土木工程的戴高乐呀!"

那是在晚会开始大约 30 分钟后,喝完了最初的香槟,我又拿了一杯加冰块的鸡尾酒,不慌不忙地在会场上转悠,耳朵里突然飞进了那样的话,并不是我有意识地要竖起耳朵注意听。说实话,这时说这些话的意思我并不十分理解,什么样的人在说这样的话,现在我也不明白。但是英语的细微之处,总觉得有批判弗里茨·斯图西教授演讲的意思。当时只在记忆中留下了这些只言片语,等到我明白了互相交谈的意思时,已是第二天的夜里了。

第二天是11月8日,上午的话题是吊桥的解析理论,下午是吊桥和风的关系。关于解析理论,日本方面没有谁提出论文,而下午有关风的题目提出的论文有一半是日本方面的,以东京大学伊藤助教授(现教授)为首,平井教授(现名誉教授)、土木研究所大久保(现构造桥梁部长)相继登上讲台,讨论非常活跃。

风的会议的招待演讲来自加拿大安大略大学的年青少壮的达文波特(Davenport)教授,他用统计的手法来处理塔科玛桥正式报告书中风产生的强制振动,方法非常新颖。

会议结束之后,6点多我回到了宾馆,洗了个澡,休息了一会,8点和比利时根特大学的教授范德皮特到巴劳卡街的一间料理店吃饭。范德皮特教授专门研究的是PC吊桥,我曾和他通过几封信,以前就互相知道,但今天是初次见面,他在今天风的演讲会上担任副主持,我和他进行了例行的问候之后,约好了一起吃饭。范德皮特教授指定的料理店名叫"灯",带有"火事"的古典风味,听了带有命运哀愁的葡萄牙古典歌曲,唱歌的间隙又看了民族舞蹈,对我们来说,正好是合适休闲的地方。

店主人的夫人也来到店里,一位女性歌手站在台前,按观众的希望,用得意的声音唱起了《黑暗的舢板》。

"那样的舢板在光辉中舞蹈,
从远处来到舢板中间,
挥动着手臂传递着信号,
但水边停留的老婆们,
我已不再回来。"

一边喝着葡萄牙美味的葡萄酒,一边听着歌,命运的哀愁引起了共鸣,初次和异国人共坐一席,我和范德皮特教授已相识良久没有隔阂,二人之间无话不说,葡萄牙的命运歌曲告一段落时,我们又要了一瓶葡萄酒,在等酒的间歇,自然而然地话题转到昨天弗里茨·斯图西教授的演讲上。

"对弗里茨·斯图西教授的话,我感到很引人注意,演讲非常明确了安曼的伟大之处哟!"

"是很引人注意啊!实际上也是很有趣的话题,在那种场合,只有弗里茨·斯图西教授一个人赞美安曼吧?"

听了范德皮特教授的话,我感到有股奇怪的感觉,教授的话,和昨天在宴会上无意听到的窃窃私语相同,也感觉有讽刺、挖苦的味道。我说什么好呢?但我

照片37　和范德皮特教授在“火事”料理店

已看出了这一点,教授又开口了。

“啊,啊,川田先生知道安曼和斯坦因曼的关系吗?”

“不,不知道,读过斯坦因曼的几篇论文和有关桥的历史的书。安曼的事是从弗里茨·斯图西教授的演讲中,初次多少详细地了解了。”

“是吗?实际上安曼和斯坦因曼是一山容不得二虎的不共戴天竞争对手,这个事大家都知道,而且互相对吊桥都有自己的看法,是一言堂,但都是推不动的权威,因此美国的桥梁界分出了安曼派和斯坦因曼派,稍微夸大一点说的话,美国的吊桥的历史,至少在过去的半个世纪是两派斗争、相互制约的历史,这样说一点也没错。”

“啊,啊……”

“你知道这次开通的萨拉萨尔桥是哪一派的?1959年竞争设计时,斯坦因曼派的咨询公司取得了胜利,因此请你注意一下参加演讲会的人几乎都是斯坦因曼的伙伴。至少我感到安曼派没有提出一篇论文。”

那样一说,还真可能像范德皮特教授提出的那样,美国有多数人参加了会议,但没有安曼领导的公司。

教授接着说:“唉,这回的国际会议与其说是萨拉萨尔桥的竣工纪念,还不如说是斯坦因曼派的胜利纪念。然而在会议的开头,弗里茨·斯图西教授极力赞美安曼,令人吃惊了,弗里茨·斯图西教授的演讲,多少遭到白眼也是没有办法的事。”

他又说:“不,不,吃惊还可能早点,川田先生,还有一个事你没有感觉到吗?现在我告诉你。

昨天弗里茨·斯图西教授确实讲了现在世界最大的吊桥是维拉扎诺桥,第二是金门桥,还记得吗?但是这是安曼派比较的尺度,斯坦因曼派并不这样看。斯坦因曼派的标准是吊桥是以主缆为主体的结构物,因此比较连边跨在内包括两个锚碇间的全长是合理的。故世界最大的吊桥是斯坦因曼架设的麦金奈克桥,全长2543m,第二是葡萄牙的萨拉萨尔桥,全长2278m,第三位才是维拉扎诺桥全长2039m,金门桥则排列第四,次序应当这样排才是。

注册时领的红包封皮的纪念出版物,书名是‘萨拉萨尔吊桥’,在那本书里,按刚才所说的次序比较了世界的长大吊桥,请回宾馆后好好看看。”

这样一说，确实我感到正如弗里茨·斯图西教授说明的那样，图30证明了这个事实。

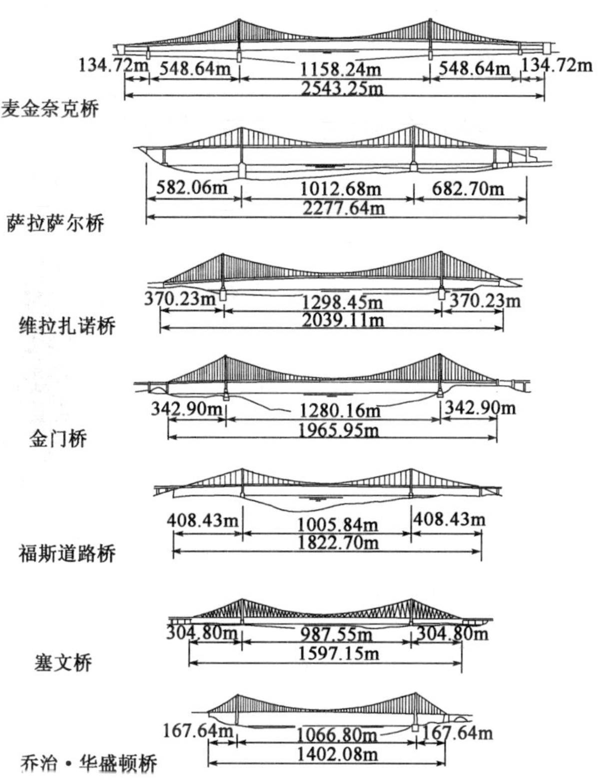

以锚碇间的距离比较现在已完成的吊桥，萨拉萨尔桥是美国以外最大的，萨拉萨尔桥设复线铁路，在公铁两用的吊桥中，这个桥也是最大的

图30 世界长大吊桥的顺序

▶▶▶ 29 安曼和斯坦因曼(2)

范德皮特教授的话,听起来一切都合乎道理,吊桥的规模,确实应该包括边跨间的长度,比较锚碇到锚碇间的距离,有一定的道理,未必限于主跨度。

经过调查发现,本次会议提出论文的作者正如指出的那样,美国的七篇中,三篇是斯坦因曼的直系斯坦因曼咨询公司的,还有一篇是准直系的麦金奈克桥公社的路宾的。剩下的三篇是大学和伯利恒钢铁公司中立派的,对立面的安曼会社的没有一篇。除此之外葡萄牙也提出了三篇论文,可以认为是属于斯坦因曼派的。因此,美国和主办国葡萄牙两国共提交了十篇论文,其中,斯坦因曼派七篇,中立派三篇,安曼派则为零。论文的数量构成极其鲜明地显示了各派的势力,当然这个结果未必能说明现在斯坦因曼派和安曼派的力量,但这回在里斯本召开的国际吊桥会议却证明了斯坦因曼派的实力。

“在美国是哪一派占优势呢?安曼派占优势吗?”

太详细的事就不明白了,只能是范德皮特教授的话那样了,要是说安曼派占优势,在会议的告示板上却没有写着有一篇论文,真是令人奇怪。

终于我开始理解了昨夜宴会上听到的话了,弗里茨·斯图西教授在那样的场合,说那样的话真是非常了不起的。我开始明白挖苦会议组织者话题的理由了,的确在那样的场合,应该赞扬斯坦因曼,而不是安曼,萨拉萨尔吊桥是斯坦因曼派的成果,而且今日的演讲会始终是斯坦因曼派的纪念活动。

然而弗里茨·斯图西教授来了,一开始就起劲地赞扬安曼,知道还是不知道安曼和斯坦因曼的关系,萨拉萨尔吊桥是斯坦因曼派的成果。弗里茨·斯图西教授和什么也不知道的主办国的理事搭上关系,他说:“曼纽尔·罗杰理事和康德·莫尼斯理事给我这样一个机会……表示衷心的感谢。”通过合理的方式,封住了斯坦因曼派的不平和抱怨。至少,在斯坦因曼派中,接受这种安排也是认同的。

开始明白了这样的情况,赞美安曼伟大功绩的只是弗里茨·斯图西教授的演讲,对这个演讲的评价,应该有所不同,说弗里茨·斯图西教授“真是土木工程的戴高乐啊!”应该说是带有足够讽刺意义的话。

“但是,范德皮特教授,安曼派和斯坦因曼派都是说吊桥,本质上双方都是架设吊桥,大体上应该没有那样的差别的,争论的焦点是什么呀?”

“是的,差别还是有的,安曼非常重视吊桥的自重,乔治·华盛顿桥就是很好的例子,由于自重大,再给予必要的刚性,相对地说,就是拉索系统。加劲桁架就被轻视了,与此相对,斯坦因曼绝不轻视自重,同时,也不轻视拉索系统,相反,而是重视,很好地使用它……”

“要是那样说的话,也确实是那样,千岛吊桥和鹿岛吊桥,都是非常巧妙地利用拉索抑制了摇动。”

范德皮特教授说:“我想你是知道的,正如你所说的,将中央扣和塔索两方组合的传统的方法使用在萨拉萨尔桥上。”

“塔索将来作为下层行驶铁路的双层桥时使用,这一点我想你是非常明白的,但中央扣却在一施工时就安装了。”

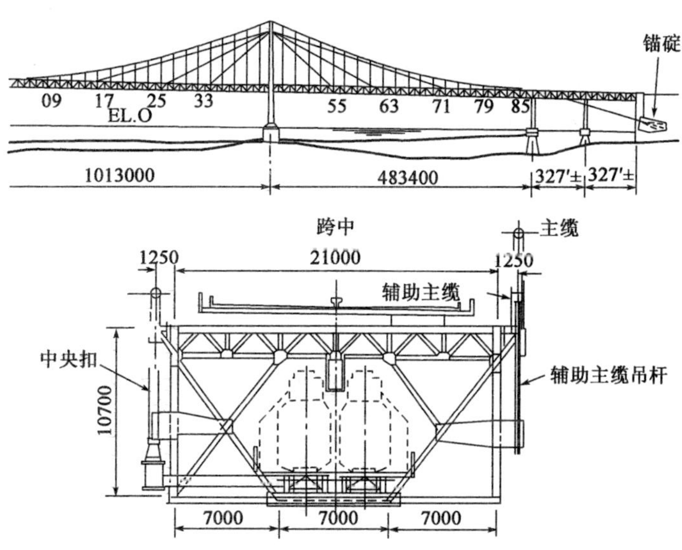

图 31　公铁并用的萨拉萨尔桥(尺寸单位:mm)

“啊,从图和照片来看,可能有点看不清楚,在这次访问现场的时候,这是我看的一个重点。萨拉萨尔桥的主缆,跨度中央上弦杆位置有宽度 2.6m 的独特的铸造钢制的主缆索夹将主缆和桁架紧密结合成一体,从原理上讲,是和中央扣相同的,但已不是单纯的索,斯坦因曼派的同事将其称作中央构造。”

“唉,唉。是相当结实的构造啊!”

范德皮特教授说:“实际上安曼是没有这样的考虑,例如1939年竣工的布朗克斯白石吊桥,当初也是纤细的加劲桁,和塔科玛桥非常相似,经常摇动,因此,作为应急措施,安装了中央扣和塔索,以后的结局是1945年追加130万美元,将加劲桁改成了加劲桁架。”

我说:“金门桥因风摇动时的补强,安曼没有采用中央扣呀。”

教授接着说:“是那样的,无论如何,安曼不喜欢拉索系统。这么说是有理由的,塔科玛桥坠落后,斯坦因曼说不听我的意见,要是委托我做,塔科玛桥也不会垮了,甚至连‘偷偷摸摸地盗用别人的想法’,这样的话也说出来了。”

“唉? 说什么呢? 盗用了斯坦因曼的想法?”

教授又说:“是的,斯坦因曼是那样说的,千岛吊桥最初安装的是中央扣,而后,斯坦因曼用更结实牢固的中央构造代替了。但是和塔科玛桥相关的技术者不明白其中的奥妙,只是在形式上模仿了简陋,粗糙的中央扣,结果是,悲惨的事故就发生了。

安曼反感这些,安曼认为拉索系统不是解决问题的本质,我想安曼不喜欢拉索系统,只是其后一切事物的开头吧。”

▶▶▶ 30　开始解开的谜

我一边听范德皮特教授的话，一边在揣摩他的话。

是那样吗？是那样。安曼派和斯坦因曼派两大派系的对抗，至今为止我抱有的疑问终于冰雪消融了，而且这样的派系之争，在安曼和斯坦因曼故去之后，在分别冠以其名字的咨询公司之间继续着，两者之间互相争斗的样子，我没有想到会在里斯本的国际会议的会场中看到了，感受到了。

弗里茨·斯图西教授本身是否有这样的意图，我不明白。但在教授的幻灯片中有以下的语句。

"To my deer friend Prof. Fritz Stussi with best wishes, Aug. 24/1962.

——Othman Amman"

下层桥面已安装的乔治·华盛顿桥的照片（照片38）上署有安曼本人的签名，弗里茨·斯图西教授和安曼的关系非常亲密，因此，在悼念亡友的心情促使之下，可能讲了那样的话。但是，无论如何，弗里茨·斯图西教授打出的反击拳肯定对斯坦因曼派是非常强烈的刺激。因此，安曼派的同事，也许是真正感到了像打棒球跑了全垒一样痛快……

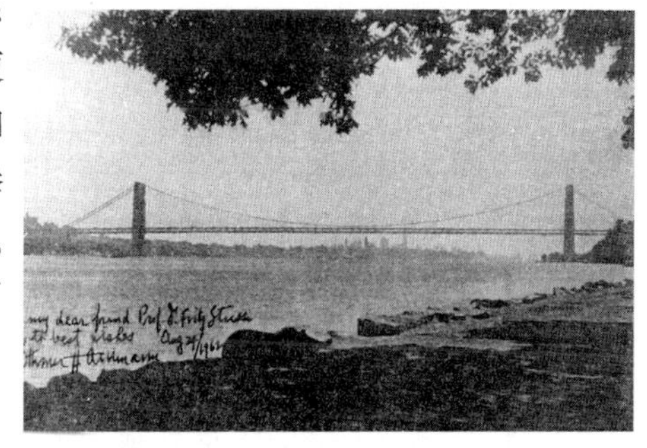

照片38　乔治·华盛顿桥（有安曼的签名）

"说了相当多的话啊！"

年青的女性来到了桌前，一边说话，一边斟满了鸡尾酒，无意中，我们的酒杯已经空了，范德皮特的话还好像在梦中一样，都忘记了饮酒。

"啊，啊！谢谢，您也来一杯，怎样？"

"唉，唉，请倒上，唱歌唱得喉咙有些渴了哟！"

那样说话的女性，是刚才在台上唱《命运之歌》的歌手。

她说:"在店里没有听好,光顾着说话,回去之后再听吧。"

她发了一个信号,引来了一位侍者,送来了每分钟45转的唱片,从外衣上取下了笔,刷刷地签了名,递到我和范德皮特的手上,玛利亚·德·罗扎里奥是那歌手的名字。

这一夜,我们带着两枚唱片回到了宾馆,还有一枚被店主人的夫人玛利亚·里斯巴阿买走了。"fado"这个词在葡萄牙语中是"命运"的意思,在这个夜里,我才知道,《命运之歌》起源很早,是17~18世纪的时候,将葡萄牙的囚犯流放到非洲的殖民地,囚犯所唱的歌,是望乡的歌,是诉说咬牙切齿的恨的歌,正如词的意义一样,黑暗忧愁,对于逃不掉的命运,自唱悲伤的自我安慰,真是魂的悲歌。

喝了不少的酒,当夜我怎么也睡不着,我反复想着从范德皮特教授处听来的话,再次修改在里斯本到手的资料,不知不觉时间就过去了。说来说去,像福尔摩斯大侦探一样一只手拿着海泡石的烟斗,对助手华生说了他的推理过程。

安曼和斯巴达坦因曼的对立,两大派系的存在和自执己见、互不相让,安曼的不喜欢拉索系统等等问题的解决钥匙,我想应该就在这里吧。

金门桥的补强改造报告拿到手时,总觉得还有五点疑问,为了解决这五点疑问,对报告书的执笔者建立"从开始就不想真正采用中央扣"的假说是必要的,当时这样的假说是否能够成立,我是没有信心的。假说应该作为假说,但是现在的假说变成了真理。

克利福德·E·潘恩、奥斯马·H·安曼、查尔斯·E·安德鲁三位执笔者,为什么不采用中央扣?他们不喜欢拉索系统的动机到底是什么?关于这几点,报告书并没有充分的说明,能够解开谜的钥匙,还是在安曼的手中。

是的,是安曼。

安曼不喜欢采用拉索系统。

被安曼的意见所左右,由三人组成的委员会在写报告书时,对采用拉索系统是消极的,是经过充分考虑的假说作为真实,存在的动机是非常明确的。

看看塔科玛桥坠落时正式报告书,我的疑问是有道理的。执笔者以三人组成的委员会的形式,参加委员会只有三人,即西奥多·冯·卡门、奥斯马·H·安曼、库莱·B·伍德拉夫三个人。

有安曼,这里还有安曼。

金门桥的报告和塔科玛桥坠落的报告之间关于中央扣的说法,我抱有相似的印象,现在想想,那是当然的事,这两个报告书共同和两方面的人都有关系的中心人物是安曼。

一边听着《命运之歌》，一边还未从和范德皮特教授喝了的葡萄酒中完全清醒过来，但觉得在我的脑海中已经驱散了浓雾，开始放晴。一个个的疑问逐渐地开始化冰了。

安曼在写金门桥补强改造报告的顺序应该是和塔科玛桥坠落的正式报告书有关的。在金门桥补强报告中记载了事故的背景，他和斯坦因曼的关系以及他对中央扣的见解。

在这个场合，说安曼故意歪曲事实真相，也许有点过了，但在他的意识底流中存在斯坦因曼的千岛吊桥、鹿岛吊桥的宝贵的经验，那样冷酷、无情地处理是有原因的。

金门桥补强的时候，事情更加清楚了，一旦塔科玛桥坠落的正式报告书中，对中央扣的态度十分明确，金门桥补强改造报告书中也就没有留下安曼关于采用拉索系统的意见了。

具有讽刺意义的是，关于中央扣效果的评价越来越高，法库哈森教授进行的风洞试验也和安曼的意见相反，证明了中央扣抑制振动的效果非常明显，现在再无视中央扣的作用，对安曼来说，也不能再固执己见了。

因此，金门桥补强改造报告书中，安曼的立场应该说是非常微妙的，一面在某种程度上客观评价中央扣的作用，一面又用拉索以外的物件补修，应该说是这样一个结论吧。实际上，报告书是安曼的苦心之作。

塔科玛桥事故以来，华盛顿大学修建了品质很好的全桥模型风洞（照片39），法库哈森教授也发表了好几个研究成果，金门桥的补强改造试验也委托给了法库哈森教授，但尽管如此，并未调研中央扣的效果，采用节段模型试验的理由，也隐藏在这里吧。

照片39 华盛顿大学的全桥模型风洞

中央扣是否有效的问题，正式报告书中是令人不耐烦的说法不准确，原因就在于此。列举了好几个补强方法，结果是其他方法不考虑而使用4730t钢材、总工费非常昂贵的350万美元安装下横构的方法。

我受到了范德皮特教授的话的示意，安曼和斯巴达坦因曼的对立，安曼不喜欢拉索系统的事实，我虽不能简单地解释至今抱有的相当多的疑问，但几乎所有的谜，都好像冰雪消融了。

但是要是仔细想一想,这些所有的问题并没有很好的解释,至少还有一个,是我一直没忘的谜,即已经在塔科玛桥坠落的正式报告书能够看到的中央扣疲劳的处置措施。

安曼的塔科玛桥坠落正式报告书中认为扭转振动的发生是事故的直接原因,只提到了主缆索夹的滑动,一句话也没有说拉索的疲劳,有意识地故意避开疲劳现象,只关注主缆索夹的滑动,到底是什么原因啊?

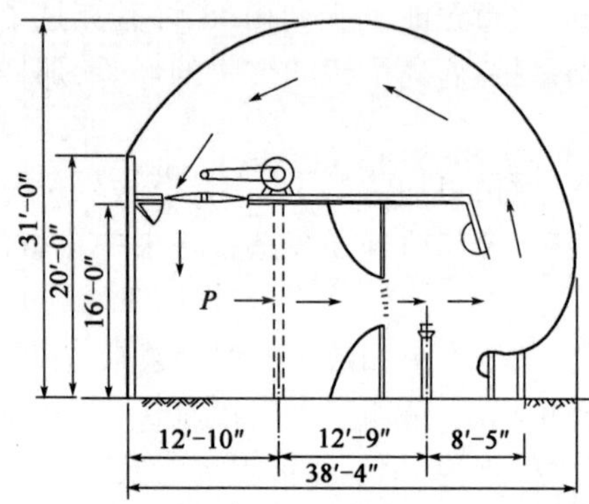

图 32　全桥模型风洞的模式图[尺寸单位:英尺(′),英寸(″)]

比起报告书的书写处理方式,中央扣的斜索发生疲劳,非常容易说明,而且事实不就是那样吗?安曼等人回避疲劳的理由在哪儿呢?仔细想想,这时塔科玛桥还未坠落,我也不能很好地解释。

这是一个想向范德皮特教授请教的问题,想来想去,我不知不觉地睡着了。

31 和范德皮特教授的再会面

11 月 9 日会议中休，全体参会人员参观萨拉萨尔桥，而后乘租赁巴士到达对岸的塞辛布拉，在阿拉比达、塞乌巴路一带观光，花了近一天的时间。

11 月 10 日是会议的最后一天，上午是关于地震等动力问题的演讲，毕竟是地震国的日本提出论文的人很多，执行主席是京都大学的小西教授，给人宛如在日本一样的感觉。

理所当然，我并不想记下会议一个个演讲的情况。

确实能够成为会场话题的都是吊桥技术者们关心的问题，各种各样的表示都有，感到有兴趣的人也很多。比起这些，8 日的夜里，从范德皮特教授处听到的话，却充满了我的心中。

但遗憾的是，在里斯本，范德皮特教授再也找不出时间进行谈话了。没办法，我只得多方调整行程，约好 11 月 14 日，星期一从布鲁塞尔回来，访问根特时，和范德皮特教授再见面。

11 月 14 日，这次的旅行乘了火车，从布鲁塞尔到根特，急行 30 多分钟，那天是有点像下雨稍微有点寒气的天气，范德皮特教授到车站迎接我了。

根特是法国风格称为“枪”的意思，教授工作的小镇人口约 25 万，不像日本那样的大都会，自 7 世纪以来，因位于埃斯孔河和里斯河的交叉点上而发展起来的古老的港口，过去称为“水的女王”，城中运河围绕，14 ~ 15 世纪是佛兰德地区第一的都会，比巴黎还要热闹，今天是次于安特巴鲁的第二商业港，非常像荷兰的阿姆斯特丹的景致，残留着中世纪的面影。

照片 40　玛利亚肯路可桥

看了梅勒尔贝克一号桥、二号桥、玛利亚肯路可桥（照片 40）和范德皮特教授研究的PC吊桥之后,车来到了学校,到了教授的研究室。

“啊,啊,请,到这到那的,冷吧?不管怎么说,和里斯本有相当的纬度差啊。”

一边说着一边请我坐下,房间里很温暖,早已将身体的寒冷驱散。

“啊,这个,川田先生有相当的兴趣,今天想和你好好地谈一谈,我也做了一些准备工作。”

热咖啡喝完了,在终于安静下来的气氛中,范德皮特教授从桌子上取了一本书。

范德皮特教授说:“这是两三年前出版的,约瑟夫·盖茨写的《桥和人》,其中登载了塔科玛桥坠落事故的来龙去脉。

前几天我在和你说话的时候,知道这本书,但不知道是这么大的一本巨作,先请你自己看看好吗?”

这是一本300页以上的书,版本比普通的书大了一圈,是个大部头,其中范德皮特教授指出的“谁使跳跃的格蒂坠落”一章大约有10页。

在这一章里,是这样写的。

“消失在普吉特海湾中的跳跃的格蒂的悲剧是至今为止最大的桥梁事故,同时,完全、详细地观测事件的经过并记录的例子过去也是没有的。

和死亡的舞蹈一起走过的还有风的专家,华盛顿大学的法库哈森教授,他摄影得到的胶片,成了当今记录电影的经典之作。因此,作为解决事故的必要的目击者,推断出格蒂事件的原因,找出原因应当是没有任何困难的。

事实也就如此,不大功夫嫌疑者的名字就浮出了水面,和施工有关的技术人员的名单找不到了,只剩下设计者的名字,即在纽约居住的莱奥·S·莫伊瑟夫。塔科玛桥是莫伊瑟夫设计的,国、州两个咨询机关都相信莫伊瑟夫的名声,采纳了他的设计。

那么莫伊瑟夫是怎样取得这样大的名气的呢?其最大的理由是进入20世纪之后,他几乎给了所有的桥以很大的影响。

1897年至1914年间,莫伊瑟夫担任纽约的桥梁技师,这个期间,他设计了有名的曼哈顿桥和地狱门拱桥。

其后又设计了费城河吊桥,还担任纽约码头公团的工程咨询,从事了乔治·华盛顿桥和纽约三区吊桥的设计,此外,他作为顾问指导了为数甚多的桥梁设计,如底特律的大使吊桥、旧金山的金门桥和旧金山奥克兰海湾桥。最近还给了布朗克斯白石吊桥以绝大的影响。

已经68岁的莫伊瑟夫毫无疑问的是桥梁业界的最高权威,因此,没有一个

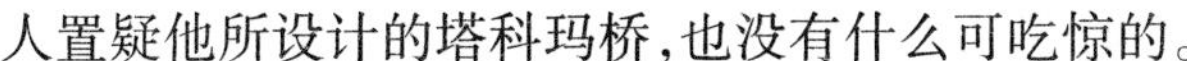

人置疑他所设计的塔科玛桥，也没有什么可吃惊的。

和至今为止的长大吊桥相比，塔科玛桥确实是一个新的设计，但是莫伊瑟夫是万人共知的大师，塔科玛桥是新设计，但绝不是出于冒险的同类桥梁，威廉斯堡桥以来，吊桥一直是向着轻柔的方向前进，塔科玛桥只不过是在这推进过程中的一步罢了。

以安曼、斯坦因曼、拉夫尔·莫德杰斯基(Ralph Mod Jeski)(费城·卡姆登吊桥的设计者)、伍德拉夫为首，很多的技术者都出乎意料地延伸吊桥的跨度，桥宽和跨度之比持续下降。

当然在这样的倾向中，存在着相应的理论根据。那个不好看、笨重的加劲桁架的威廉斯堡桥应当作为19世纪幼稚的遗物，是根据有误的"弹性理论"设计的。但是，今天时代发生了变化，混凝土拱桥等结构起了很大的作用，奥地利学者梅兰提倡的"挠度理论"已经登场。

随着时间的推移，铁道的时代已经过去，取而代之的是汽车广泛地应用于生活领域，汽车时代来到了，活荷载变小了，必然地带来了加劲桁架变得更纤细。

这里列的表，是这样变化的一览表，也可以说这是近代吊桥发展史的缩影，如实地反映了吊桥变化的结果。"

桥　　名	跨度[英尺(′)]	桁架高/跨度	桥宽/跨度
威廉斯堡桥	1600	1/40	1/14
曼哈顿桥	1500	1/60	1/13
乔治·华盛顿桥	3500	0	1/33
金门桥	4200	1/164	1/47
布朗克斯白石吊桥	2300	1/209	1/31
塔科玛桥	2800	1/350	1/2

▶▶▶ 32 斯坦因曼的告发

继续引用约瑟夫·盖茨的《桥和人》。

“加劲桁架逐渐变小的倾向,不仅使得经济性上升,也带来吊桥美观、优雅的效果。20 世纪 30 年代至今,这样的倾向达到了顶点,即采用加劲桁代替加劲桁架。

最初,只在几个中小规模的吊桥中作为试验采用加劲桁,终于也扩展、普及到了长大吊桥之中,吊桥更添一层窈窕、纤细的美感。

莫伊瑟夫也没有丝毫犹豫,在布朗克斯白石吊桥和塔科玛桥上采用了加劲桁。

稍微想一想,不管如何经济,这样的倾向还是太大胆了,是不是很难接受呢?结果却未必是那样的。

当时吊桥的加劲桁架并不是抵抗风的作用的,而考虑的是抑制承受活荷载时铅直方向的变形,简单地说,车在走行中吊桥只要部分的挠度不过度的话就可以了,而风本身却几乎不成问题。

断言说风不成其问题,是不是稍微有点过了。塔科玛桥将风作为问题,法库哈森教授亲手做了许多试验,其结果是即使刮台风也不必担心,这也是当时莫伊瑟夫等人的见解……(中略)……

但是,不如说试验的方法有问题,关于这件事,法库哈森教授自己也觉察到了。风是相当相当得复杂,因此,风对结构物的影响也是顺势相当得复杂,而且在 20 世纪 30 年代,风洞还是个珍稀的设施……(中略)……

总之,跳跃的格蒂是长的、宽度很窄、桁高很低的轻盈吊桥,根据莫伊瑟夫的经验、梅兰的理论和法库哈森教授的试验结果,都证实了吊桥是安全的。

事故之后政府立刻选定以加利福尼亚工科大学的西奥多·冯·卡门为首,旧金山奥克兰海湾桥的设计者库莱·B·伍德拉夫以及奥斯马·H·安曼组成三人委员会,追究事故的真相,其后四个半月,1941 年 3 月 28 日提交了大部头的报告书,其中事故的原因是‘由风产生的过度的振动’。

而且这样的振动是由于‘吊桥极端的刚度低和动能吸收的功能欠缺’,尤其‘强风下发生的扭转振动一旦发生,自然而然地振动逐渐激烈,呈现了不稳定的状态’。”

这里的说明,已经是我熟悉的内容了。但是,下面的这点是不同的,范德皮特教授让我读的大概是这一点吧。

“在准备正式报告书期间,有两篇纪事令人关注,一篇登载在1940年12月5号的工程新闻纪事上,是关于纽约的布朗克斯白石吊桥用塔索和中央扣抑振的文章;还有一篇以“主缆拉索救了两座吊桥”为题,那两篇文章中有丰富的制振经验。

在塔科玛桥之前两年,斯坦因曼在千岛地区架设了几座桥,其中包括两座吊桥,20世纪30年代,世界经济不景气,这时架设的吊桥是在严格的预算控制下进行施工的……(中略)……

竣工之后约一周多,现场的技师向斯坦因曼打来了告急电话,报告说在千岛地区架设的两座吊桥,出现了奇妙的举动,风吹之下上下起伏、弯曲,而且又前后摆动,像海中的大浪一样。

斯坦因曼匆忙乘上早班的火车,赶往现场,眼看着风吹动之下,吊桥在摇动。

他在现场拿出纸和铅笔,指示了两个方案,其中之一是在吊桥的中央安装倒V字形的,所谓的中央扣,之二是在加劲桁的两端呈放射状张拉拉索。

使用现场的钢丝绳,实施了这两个方案,无论如何是可以赶上竣工式的。其后,又用牢固的钢制中央构造代替了原先临时安装的中央扣。

说实话,斯坦因曼自己也可能对当时的处置并不十分理解,但千岛地区架设的两座吊桥,结局是没有发生扭转振动。

梅兰提出的划时代的挠度理论,最早是在1908年由斯坦因曼翻译的,莫伊瑟夫1909年用挠度理论设计了曼哈顿桥。1940年听说塔科玛桥摇动,斯坦因曼对这个事表现了极大的关心,而且比塔科玛桥桥宽大了一点,同样窈窕的桁加劲的布朗克斯白石吊桥也发生了相似的摇动。

斯坦因曼立刻向塔科玛桥现场的技术人员送去了个人愿意协力的信,又向住在纽约的莫伊瑟夫打了电话,但莫伊瑟夫礼貌、郑重地回绝了。

根据斯坦因曼的传记记载,塔科玛桥的相关技术人员‘盗用了斯坦因曼的中央扣的想法’,而且是在错的、不十分理解的情况下盗用的。当时千岛吊桥的照片是在安装了钢丝绳中央扣后拍的,塔科玛桥的技术人员就那么用了钢丝绳,斯坦因曼断言:

‘莫伊瑟夫他们使用钢丝绳中央扣并没有注意到这是应急的处置方法,而千岛吊桥使用的用钢丝绳制作的中央扣,数个月后又换成了牢固的钢制中央构造。

学我安装的中央扣,是保证塔科玛桥四个月寿命唯一的构件,破坏时,中央扣的拉索用的钢丝绳太弱,从其破断开始,突入了死亡的舞蹈……

如果莫伊瑟夫他们能虚心一点听听我的意见,和其他几座吊桥一样,有可能救出塔科玛桥,只出一点点费用,我对塔科玛桥的安全抱有信心……’”

看完之后,我是很兴奋的。

这就是斯坦因曼的告发,对莫伊瑟夫来说,则是痛苦的告发,要让斯坦因曼说,听了斯坦因曼的建议,塔科玛桥是不会断成一截一截地落入水中的……

“怎么样? 有意思吧?”

范德皮特教授抬起头微笑着说。

“唉,唉,是个不得了的事。

斯坦因曼若说的正确的话,塔科玛桥就不会出事故了,如果,莫伊瑟夫听了斯坦因曼的话……”

“那样的事不可能出现了。”

范德皮特教授的话总是很沉稳的。

▶▶▶ 33 莫伊瑟夫和安曼

“啊，来吃饭吧，今天有日本来的客人，是我夫人特意准备的。”

这才注意到，不知不觉时间已到了中午一点。英语对我来说是外国语，想不到花费了那么多时间，想看的地方并不是都看了，没有办法，只好拷贝了20多页有关的部分，真是大大地打扰了范德皮特教授。

位于根特郊外范德皮特教授的家还很新，建造成北欧风格的。教授比较晚婚，有四岁、二岁、还有两个月的三个儿子，非常可爱。

“啊，请，让您久等了。”

夫人用流畅的英语说着谦虚的话：“孩子们占着手哪。”把我引进了清洁的餐厅，手工制作的料理一个个摆在了桌子上。

“一口口怎么样？喝点餐前酒？”

在范德皮特教授劝说之下喝了点餐前酒，嘴里满满的橘子香味。

打过招呼之后，不知什么时候，范德皮特教授的话题又回到了刚才所说的塔科玛桥上。

“斯坦因曼说的话，肯定是不错的，但稍微有点强势，要是听了我斯坦因曼的话，塔科玛桥也就不会垮了，引起其他的技术人员的反感也是可以理解的。因此，以后斯坦因曼关于风之类的话题就相当不客气了。

另一方面，安曼无论如何都想救莫伊瑟夫，你知道莫伊瑟夫在纽约工作的事，安曼在码头公司(port of New York Authorities)担任桥梁课长、技师长直至理事，这个期间和已经独立的担任经营顾问的莫伊瑟夫经常组合在一起工作。”

“啊，啊……”

“刚才看到的书中，约瑟夫·盖次的书写方法稍微有点奇怪，在美国注意梅兰的挠度理论未必是斯坦因曼早，反而，莫伊瑟夫还要早一点，在实际的吊桥利用挠度理论这一点上，明确地说莫伊瑟夫要早一些。因此，作为吊桥的理论家，可以举出莫伊瑟夫的名字，是桥梁界的权威，安曼充分认识到莫伊瑟夫的力量，经常组合在一起工作。”

“是的,那么安曼和莫伊瑟夫两人的关系是很亲密的。”

范德皮特教授接着说:“是啊,还不单单是很亲密的。首先,莫伊瑟夫和安曼对于吊桥的想法,完全是相同的,提高吊桥的刚性,没有必要仅仅依赖加劲桁架,增加自重是更有效果的方法,乔治·华盛顿桥,你知道吧?这样的立场和观点,是安曼的,也是莫伊瑟夫的。

第二,莫伊瑟夫作为经营顾问虽已经独立,但纽约周边主要的吊桥,几乎都和莫伊瑟夫有关,这当然和处于当局侧的安曼有很大的作用,因此,这个时期纽约周边的吊桥,真是莫伊瑟夫和安曼合作的产物,二人的关系就是这样的非常亲密,故塔科玛桥事故时,安曼非常想救莫伊瑟夫,是极为正常的。”

我问道:“那么斯坦因曼说出那样不客气的话,是什么原因?”

范德皮特教授接着说:“是那样的,如像斯坦因曼所说的那样,莫伊瑟夫就没救了,作为安曼,肯定也不能对莫伊瑟夫的事置之不管。

而且吊桥,莫伊瑟夫和安曼在美国是主流派,斯坦因曼还只是二流派,至今还没有架设真正的长大吊桥,没有架设长大吊桥的机会,这个机会被主流派紧紧咬住不放。

你在看正式报告书时,可能已经感觉到了,安曼等人对斯坦因曼的态度很冷淡,在刚才拷贝的地方关于千岛吊桥的叙述中,斯坦因曼的名字只字未题,经过这样小的吊桥尝试了之后,对塔科玛桥这样的长大吊桥有参考价值吗?轻易地就删除了。”

确实如范德皮特教授所说的那样,约瑟夫·盖茨的《桥和人》中拷贝的,正式报告书中引用的,是下面的一段。

“千岛吊桥和鹿岛吊桥,从规模上讲,类似于初期容易挠曲的吊桥,对跨度3.5倍,重量约6倍的大吊桥,没有什么参考价值。”

我也这么觉得说:“如果那样,这是相当残酷、苛刻的,对斯坦因曼多少有些可怜。”

范德皮特教授却说:“不,可能未必那样,要说可怜,还不如可能说安曼可怜。

安曼应该知道中央扣的效果,但他为莫伊瑟夫的不利而苦恼,这样的考虑方法可能是自然的。

作为先辈,良好的事业同伴,一直组成联合体的莫伊瑟夫救还是不救?安曼正处在紧要关头,安曼一定会下死决心努力,我也会这样做的……”

听了范德皮特教授的话,终于我也明白了,剩下的最后的谜是正式报告书中对中央扣处理方法的疑问,教授的说明在今天的谈话中也已明确了。

确实如此,安曼要救莫伊瑟夫,希望从塔科玛桥坠落的责任中让莫伊瑟夫逃掉,但是却有莫伊瑟夫过去拒绝斯坦因曼意见的内幕……

正像斯坦因曼所说的那样,莫伊瑟夫是否盗用了斯坦因曼的想法,我是不知道的。但是,即使没有盗用,碰巧莫伊瑟夫和斯坦因曼得到了相同的用中央扣可以制振的结论,莫伊瑟夫再谦虚一些的话,能有容纳斯坦因曼的肚量,用更加牢固的材料替换中央扣的话,塔科玛桥至今还可能平安地运营着吧。

我也是这样看的。

关于塔科玛桥事故的正式报告书中,为什么有意地回避中央扣的理由,这次总算清楚地明白了,那就是若太把中央扣作为焦点的话,肯定会对莫伊瑟夫带来不利的后果。

塔科玛桥事故时,主缆索夹的滑动是客观的事实,并成为吊桥发生扭转振动的原因,是没有怀疑的余地的。

但是,索夹滑动的原因是由于中央扣弱的缘故却令人困惑。若听了斯坦因曼的意见的话,或事故之前就替换中央扣,可能中央扣的疲劳破坏就不会出现。

那样想着又回顾了一下,那个正式报告书确实是安曼的苦心之作,在保护莫伊瑟夫免于陷入有罪的意图之下,又有许多人都知道中央扣的效果,正式报告书的写法是近乎完美的。

当时中央扣的效果,已经经过实践证明了。

不详细地写中央扣的作用和效果,只是稍微接触了一下,而是在别的地方寻求塔科玛桥坠落的原因,得出莫伊瑟夫无罪的结论,这肯定也是安曼自己的意愿。

34 世界第一的吊桥

和范德皮特教授的谈话，并不仅仅在吃饭的时间，其后两个人又到起居室里继续说，面朝美丽庭院的起居室墙壁上挂着罗马时代的古桥的珍贵的画，真是教授桥梁的先生啊！

“也许安曼有点可怜，像刚才我说的那样，安曼的内心里也认为在某种程度上斯坦因曼的说法是正确的。

当然，安曼一生都没有那样说，反而说，中央扣没有什么大的效果，直到去世前都是这样说的。”

“是那样的，范德皮特教授。

前面所说的有关金门桥补强改造的报告，已经看过了，和安曼有关的报告中，对中央扣的处理是非常不清楚的，结果是没有采用最经济的中央扣。”

范德皮特教授说：“斯坦因曼派说，这个时期安曼派的同事，压制斯坦因曼的意见，做了各种各样的动作。

例如，在看完塔科玛桥坠落的正式报告书后，斯坦因曼很快写出了《吊桥的刚性和抗风安全性》论文，向美国土木学会投稿，但是没有被接受，退回给了斯坦因曼，退稿的理由是，这样做对莫伊瑟夫有欠公平，希望能够改写。

斯坦因曼的这篇论文，停了有两年，终于在1943年的土木学会的论文集登载了。”

“斯坦因曼改写了吗？”

“没有，好像没有改写，是因为哈迪·库勒斯(Hardy Cross)教授的斡旋而登载的。”

“真是奇妙，同样的论文两年前拒绝了，现在又采用了。”

“因此，在斯坦因曼派中，进行了各种各样的谋划。

先不说安曼对当时的动向是否清楚，安曼可能有足够的影响力以及从心理上当时很多的技术人员同情莫伊瑟夫。”

“莫伊瑟夫、安曼仍然是美国桥梁界的主流派。”

范德皮特教授又说：“是的，是那样的，因此裁判莫伊瑟夫无罪，而且在莫伊瑟夫去世之后，安曼奔走募集了基金，成立了美国土木学会的‘莫伊瑟夫奖’，从每年发表最优秀的结构论文之中选择一名，是非常有名誉的。托马斯·包奇知道吗？”

我说：“托马斯·包奇吗？”

“啊，啊，泰桥的事故你知道吗？距今约100年前，1879年英国发生的铁道桥事故，泰桥是一座单线铁道桥，全长3km多，其中中央部分1km左右，是70多米的桁架13联，在暴风的当晚，行驶中的火车消失了，70多人罹难。这个桥的设计者是托马斯·包奇。”

“啊……桥坠落了？”

“是的，火车和桥都沉到泰河的河底了，事故最大的原因是风。”

“唉？不是吊桥也有因风导致的事故？”

“有的呀！托马斯·包奇的这座桥是由桁架组合成的，风是能够穿过去的，因此没有考虑风荷载，当然不是塔科玛桥那样的动力风，而是静风引起的风荷载。此外，泰桥的现场施工管理也有问题，裁判的结果是托马斯·包奇有罪。”

“还是将罪都归结到设计者了。”

“托马斯·包奇也许是没有办法，但是可能莫伊瑟夫非常谦恭，免去了责任。

有幸的是莫伊瑟夫有安曼，安曼是莫伊瑟夫最高的保护者，引导着舆论，安曼在纵横交错的复杂环境中要了手腕，如果没有安曼的作用，莫伊瑟夫虽然不像托马斯·包奇那样，但也可能是免不了责任的。”

照片41　泰桥的事故

我对范德皮特教授说：“您说的正是如此，塔科玛桥的报告也好，金门桥的报告也好，仔细想想，安曼并不是单纯的技术人员，而是有相当行政手腕的人。”

“是那样的，毕竟是纽约码头公团的理事，安曼是有行政手腕的，但是麦金奈克桥的设计工作只能让给了斯坦因曼，尝到了一杯满满的苦酒。”

根据范德皮特教授的说明，斯坦因曼架设的麦金奈克桥当初也是莫伊瑟夫设计的，而且和塔科玛桥同样是薄而不结实的桁加劲的结构。

幸运还是不幸，麦金奈克桥实施之前，塔科玛桥的事故发生了，其后经过了第二次世界大战,战后改变了架桥的气氛,当然,设计也成了问题,由有胆量的密执根大学的工学部长克劳伍夫道(Lvan · C · Crawford)选定了三个人,即安曼、斯坦因曼和进行旧金山奥克兰海湾桥设计的伍德拉夫组成了三人委员会。

像开始预料的一样,委员会常常成为安曼和斯坦因曼二人比赛的擂台,伍德拉夫成了裁判,结果是安曼退却了,一切技术上的问题全部委托给了斯坦因曼。

从某种意义上来说,世界第一的吊桥麦金奈克桥给斯坦因曼的阵营奏起了凯歌,乔治 · 华盛顿桥以来,主流派的安曼将其光荣的宝座不得不让给了竞争对手。

为什么在这里,安曼退却了。我不知道外界的人怎样说这些事,但我知道,塔科玛桥以来安曼的悲哀和痛苦。

川田先生,你也十分了解,安曼是个非常的人物,而且麦金奈克桥从锚碇到锚碇的距离是世界第一的桥,技术者有外界的人体会不到的幸福感和优越感。因此,安曼要把麦金奈克桥的设计任务让出去,正如我刚才说的,安曼对斯坦因曼的牢骚和不满,在某种程度上是不认可的推测是成立的。安曼多少有点自卑,就强烈地不顾是否还要设计麦金奈克桥了。”

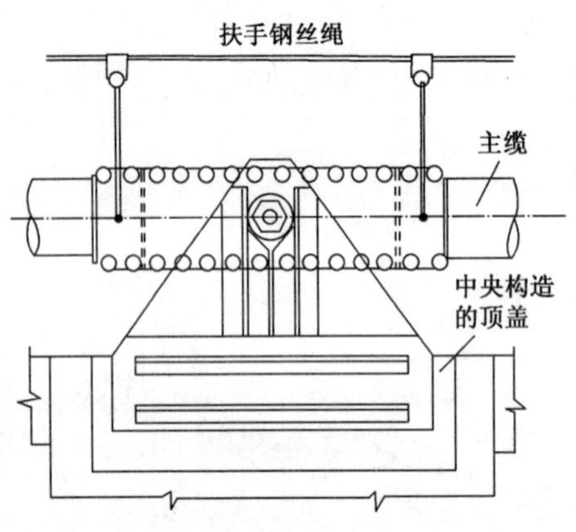

抵抗桥轴方向从桁梁传向主缆 585t
(1290kjps)的风荷载的中央构造
图 33 麦金奈克桥的中央构造

我说:“啊,是那样的,争论的结果是斯坦因曼获得了胜利,麦金奈克桥也准备安装中央扣了。”

“当然是,用型钢组成结实的,和钢板焊接的中央构造紧紧地安装在跨度的中央。”

“……”

“在这之后,安曼又架设了中跨世界最大的维拉扎诺桥,而没有用中央扣,这座桥是斯坦因曼无论如何也想做的,但在纽约还是安曼的势力强大。”

▶▶▶ 35　法库哈森教授的话

欧洲这一带和日本有相当的纬度差,到了 11 月,日落相当地早,当天还好像要下雨,我自己并不觉得时间过得很快,范德皮特夫人把房间里的灯全部打开时,我才注意到周围已经天黑了,到了涨潮的时候了。

“根特有特色的料理店,我带你去,专门到这里来,慢慢地享用吧。”

两人一边说,一边挽留着我,要是谢绝了的话,就太失礼了,又能长时间地问话,我所想达到的目的充分达到了。

“啊,可能成了你的行李,根特的玻璃制工艺品,是比较有名的,务必请带一个回去。”

范德皮特教授一边说,一边送给我了一个玻璃花瓶,我道过谢,带回来了,现在还摆放在我家的房间里。

从根特到布鲁塞尔的火车中,看着渐渐黑下来的周边景色,我想起和法库哈森教授说话的日子,法库哈森教授自己倒了杯咖啡,也劝我再喝一杯,用手指着现在已经封闭了长满爬墙虎的风洞试验室,一面挺起腰板,静静地说。

经常发出警告的法库哈森教授认为,塔科玛桥是危险的,这样的断面形状很成问题的,事故的直接原因是中央扣的疲劳破坏,我和法库哈森教授意见相同。

法库哈森教授是了解塔科玛桥坠落的所有事情的,那么对莫伊瑟夫的处置是不是感到有点迟钝呢?

中央扣、油阻尼器,还有边跨的锚索,对制振这些措施绝对不是十分充分,法库哈森教授只能继续采取措施,但是莫伊瑟夫的行动极端迟滞,他认为塔科玛桥是不会轻易地坠落的,面对意见轻视、不屑一顾。莫伊瑟夫认为风洞试验那么小的模型,有什么可明白的? 莫伊瑟夫这样的口吻和腔调,从法库哈森教授的话中我也感觉到了。

对安曼等人总结的正式报告书,法库哈森教授还是有不同意见的吧?

想一想,法库哈森教授对正式报告书一句话也没有说,但我感到了,当时,对我也没有说,作为替代,法库哈森教授将自己执笔、编集的华盛顿大学的出版物五册,签名之后送给了我。

那一次,花了两天的时间访问了法库哈森教授,看了垮桥的电影之后,分别时,我还十分清楚地记得法库哈森教授的话,我问道:“如果中央扣再结实、牢固一些,没有疲劳断裂的话,塔科玛桥的悲惨事故是不是就不会发生了?”

一瞬间,法库哈森教授目不转睛地看着我,仔细用心考虑我的问题后,说:“是的,至少我和斯坦因曼有相同的看法。”

是的,法库哈森教授是知道斯坦因曼的不满的,也知道这些不满中的正确,而且,恐怕写正式报告书时安曼的苦衷,都是知道的。

那时法库哈森教授没有立刻回答我,我的问询是不是有点太难了?还是法库哈森教授在喝咖啡?实际上未必是那样的,法库哈森教授是在寻找如何回答我的词汇。

和莫伊瑟夫同处一个时代,多少立场和意见不相一致,但却共同从事着塔科玛桥的工作,法库哈森教授对莫伊瑟夫抱有同情心,或者说比同情心更强,抱有连带感呢?而且处理事故时,安曼的心情,比谁都清楚。因此,法库哈森教授是不会轻易地下结论的。

“至少我和斯坦因曼有相同的看法。”法库哈森教授的回答词汇可能是全力考虑种种利害因素后的词汇了。

现在终于我也想到使用那个词汇,是法库哈森教授竭尽全力寻找的结果了。

法库哈森教授的本心是想和斯坦因曼更近一些,中央扣更结实一些的话,莫伊瑟夫稍稍谦虚一点的话,塔科玛桥的惨事就可能避免,法库哈森教授这样的考虑是没有什么不可思议的。

关于塔科玛桥的垮桥原因,斯坦因曼说了,但法库哈森教授终于还是没有说……

从葡萄牙飞到比利时的这一次欧洲之行,我出乎意料地知道了很多的事情,那是有关美国的吊桥、安曼和斯坦因曼两大派、两派的差异、塔科玛桥坠落之后拉索系统的有无等等。

从乔治·华盛顿桥开始,金门桥、维拉扎诺桥以主跨长度为衡量标准的世界第一的吊桥都是安曼派手中的产物,都没有用拉索系统。与此不同,从锚碇到另一端的锚碇,对应主缆张拉区间为标准,世界第一和世界第二的吊桥是斯坦因曼派的麦金奈克桥和萨拉萨尔桥,这两座吊桥都用了牢固、结实的中央构造。

安曼本身内心也是认可中央扣效果的,范德皮特教授的推测也是合乎道理的,我也是同意的。为了救莫伊瑟夫,安曼用了一个强硬的、痛苦的理由,以自圆

其说。但麦金奈克桥受到安曼要救莫伊瑟夫事件的影响，安曼只能退让了。

一直激烈紧逼的斯坦因曼，以后也体察了安曼的心情，说话的口气也变了一些，在约瑟夫·盖茨的著作中有记载，我把它拷贝下来了。

“斯坦因曼以后考虑方法也有变化，在斯坦因曼写的书《桥和架桥的人们》中，斯坦因曼也给莫伊瑟夫辩护，跳跃的格蒂坠落的原因是当时全体技术人员的责任。”

一留神，窗外看见的路灯已经来了，火车开始减速，进入了地下通道，马上就是布鲁塞尔车站了。

混在其他乘客中的我从行李架上拿下了大衣，感到意外的沉，啊！是从范德皮特教授拿来的花瓶啊。

“谁把塔科玛桥弄垮了？”

不知从什么时候，这句话成了我的口头语，无意中又到了口边，地下铁特有的杂音一下子消失了，周围没有人注意到。

看见了站台上的灯，火车慢慢地停下来了。

36 再去旧金山

里斯本国际会议后数年，我再次访问了旧金山。

金门桥 1937 年竣工，30 年后的总点检由安曼 · 惠特曼公司实施，进行了包含吊杆钢丝绳的更换等在内的大规模的维修工程。

竣工以来运营 30 年的吊桥，受到海风、涨落潮水的影响，跨海峡架设的吊桥状态现在怎样了？对于每一位桥梁技术者来说，这些都是会唤起相当兴趣的问题。因此，调查其状态，也是我此行的目的，日本已经设立了大型的架桥公司，计划在本州和四国之间架设几座长大吊桥，何时实现？只是时间的问题了。

照片 42　金门桥前的佐佐木先生和著者

所幸，金门桥接待我的是见过面的希尔兹，现在已成了技师长，是技术上的最高责任者。和他约好了见面，我非常高兴地从羽田机场飞往美国。

好久不见的希尔兹技师长，已经可以看见有了白发，我告知了来访的目的，他很快地将安曼 · 惠特曼公司提出的报告书拷贝之后交给了我，还说要给我“介绍一个人”，并引我见了佐佐木先生，一个有着日本人名的技术人员，名片上写着担任交通调查部长，是一位三十多岁比较严肃的年青技师，我想是日裔二代或三代，我想说英语，但佐佐木却说：“不，用日语就行。”流畅的日语让我吃惊，使我更加高兴了。其后，去了他的房间，晚上又一起吃饭，意气十分投合。

那天夜里，我们过了金门桥，到了对岸的索薩利托侧的料理店吃饭，20 年前的黄昏，拼命抓住方向盘的南茜 · 肯多小姐看不见的灯光都看见了，领悟了金门桥的摇动。那时，南茜·肯多小姐看见的是这一带的灯光吧？

“川田先生，安曼和斯坦因曼两人关系不好，在美国是众人皆知的。

年轻的时候，两个人都在林登塔尔的咨询事务所工作，先是年长的安曼来，然后斯坦因曼也来了。

啊，啊，林登塔尔当时是美国咨询公司的第一人，是纽约市的桥梁课长，架设了曼哈顿桥、昆斯伯勒桥，当时的超静定结构计算是很麻烦的，林登塔尔在这个方面独占舞台。”

佐佐木先生请我吃了生牡蛎，我吃得很舒畅，加利福尼亚的葡萄酒让人有点醉，佐佐木先生在美国生活的时间长，而且在金门管理局等地工作，听到了至今我还不知道的事。

“您知道吧，瑞士是全民皆兵的国家，安曼是从瑞士移民而来，第一次世界大战时，回国服了兵役。此后，斯坦因曼也来到了林登塔尔的咨询公司。

战争终于结束了，安曼又再次回到美国，但安曼的领导位置却由斯坦因曼担任了，安曼不能再为所欲为地做事了，大体上从这时开始两人的关系就变得有些奇怪了、不协调了。”

“第一次世界大战时，安曼大体是三十三四岁，斯坦因曼还只有二十七八岁。”

“那年龄差不多呀？

第一次大战后，安曼又回来了，首先做的事是什么事啊？就是停止了斯坦因曼开始连载的论文。

俄亥俄河上架设的全长500多米的锡奥托维尔桥（照片43）是两跨连续桁架桥，是安曼服兵役前着手的，安曼不在美国期间又经斯坦因曼继续出色地完成了，斯坦因曼就开始在杂志上发表设计过程。

照片43　锡奥托维尔桥

说来说去，安曼觉得自己的手建立的公司全部送出去是太大的损失，于是煽动林登塔尔吧？发表的论文半截就中止了，斯坦因曼对安曼只剩下了恨。”

“真是的，两人之间的恩怨深又相当得早，两雄并立是不可能的吧？”

“此后两个人及其弟子，都在各自的道路上前行，每件事都要起冲突，例如20世纪20年代斯坦因曼架设的巴西的弗洛里亚诺波利斯吊桥，澳大利亚的悉尼港吊桥，安曼就和莫伊瑟夫组成了联合体，狠狠地敲打了斯坦因曼。”

“和莫伊瑟夫组成联合体？”

“是的,1924 年纽约码头公团成立之时,安曼就是创立时代的桥梁课长,最后升为理事,这时莫伊瑟夫作为咨询顾问被起用,安曼一直和莫伊瑟夫组成联合体,莫伊瑟夫的解析能力是出类拔萃的……”

“敢情在 20 世纪 20 年代,斯坦因曼和莫伊瑟夫就认识,就激烈争论吗?”

塔科玛桥的坠落是在 1940 年 11 月,约 20 年前莫伊瑟夫和斯坦因曼就争论不休,这样一来,莫伊瑟夫不听斯坦因曼的意见,也是可以想象到的。

“唉,唉,是那样的,莫伊瑟夫和安曼就如同紧紧地贴在一起的样子,两个人都认为斯坦因曼不懂得吊桥,斯坦因曼肯定错了,还非要学吊桥……不管怎样,当时两人认为吊桥不需要加劲桁架,沿着吊桥就是易挠曲的结构的方向前行,咚咚地走下去……”

说到这里,佐佐木先生打开了一本带来的书放在我的面前。

“刚才的话或者我想您有兴趣,出门时专门带来的……”

这本书名叫《架设的海上的道路(Highways over Broad Waters)》我想是不是把它翻译好呢? 还是有机会再读一遍威廉·拉提根写的斯坦因曼的传记。

佐佐木打开的那一页,这样写着。

照片 44　弗洛里亚诺波利斯吊桥

“1924 年至 1927 年间写的报告书中,斯坦因曼设计的巴西的弗洛里亚诺波利斯吊桥(照片 44)、悉尼港吊桥都给了非常大的刚性做成了结实的结构,感到斯坦因曼多少有点得意的感觉,这么年青就有了这样的名声和权力,安曼等前辈们觉得有些过分了,是不能宽恕的。

安曼和在理论上协助安曼的莫伊瑟夫不能容忍新入社的斯坦因曼,在一般发行的技术杂志、公开会议上,安曼和莫伊瑟夫这样说:‘斯坦因曼错了,重要的并不是要给吊桥以刚性,相反,吊桥应该是更柔软、更易挠曲的结构。’

当然,斯坦因曼借助杂志或公开演讲会,继续主张吊桥必须要有刚性。但是批判斯坦因曼的安曼的同事却说:‘斯坦因曼自己在说什么可能都不明白,吊桥不挠曲又该怎么办? 风吹之下吊桥结构挠曲是当然的!’

斯坦因曼极力反驳说:‘说那样的话! 吊桥就应该是柔软的就好了? 那样的话,吊桥容易摇动,最终会坠落!’

安曼和莫伊瑟夫以后数年,按照他们考虑的就走下去了,而且他们对风的动力影响是无知的。因此,不得不后悔落入了窘境。

塔科玛桥事故以后,莫伊瑟夫引退了,一个人孤独地去世了,而组成联合体的安曼却改变了原来持有的论调,说吊桥必须要有刚性……"

▶▶▶ 37 命运的竞争者(1)

“啊,令人吃惊,有这样的内幕,一点也不知道啊!”我吃惊地说。

读完了佐佐木指出的那一页,一边这样说一边合上了书本,但是佐佐木说:“有机会,稍微前一点的部分能读一下吗?已经把书签夹在那里了,就是第22章‘追求真实’那一章,书借给您,回宾馆后,请读一读。”

当然我致了谢把书收了,当夜因有点醉了,回到宾馆马上就睡了,由于时差,第二天一大早就醒了。

看看表不到三点,想再睡,却睡不着了,干脆起来,开始读起昨天从佐佐木那里借来的书。

威廉·拉提根写的斯坦因曼的传记第22章,这样写道:“从51岁开始的17年间,斯坦因曼的创造能力达到了最高峰,斯坦因曼为了究明吊桥风的动力学问题,和无知、偏见以及竞争对手施加的压力在战斗。

像已经叙述的那样,进入20世纪后,最初注目于风的动力作用的是斯坦因曼。而且,对此,斯坦因曼提出了解决问题的方法,是20世纪最早的人。

回顾19世纪,吊桥一个个地被风吹坏,但是这样的事实并没有流传下来,伴随着珍贵生命和大量的经济损失,为数甚多的吊桥的教训是秘密流传的吗?还是人们已经忘去了?总之风对桥的灾害已从人们的记忆中消失了……

在千岛吊桥,斯坦因曼和风做斗争,并且取得了成功,他自言自语地说:‘斯坦因曼哟,只有你是被历史选出来的人,这个问题该你解决。’

斯坦因曼担负起了交给他的使命,丢掉了乏味的客气和过去的一切,追求真实。

事实上斯坦因曼对吊桥风的动力影响的研究具有充分的知识和能力,相信除了自己不会再有别人比自己强。从1917年至1920年,斯坦因曼在纽约的城市学院听了航空工学的课程,而且斯坦因曼的数学解析能力在当代桥梁技术者中也是出类拔萃的,科学素养也不落在人后,除此以外,斯坦因曼具有天生的发明才能和创造能力,阅读了很多图书,积累了丰富的现场经验,并不是一个单纯的知识渊博、经验丰富的人……"

斯坦因曼是一个相当的自信家,意气风发地出了传记,而作者威廉·拉提根则完全被斯坦因曼看中了。

照片45 莱奥·S·莫伊瑟夫

"1908年,斯坦因曼翻译了梅兰的'挠度理论',明确了吊桥应具有必要的加劲桁架。因此,现在少有易挠曲的吊桥,当然也得考虑经济。莫伊瑟夫1909年应用挠度理论在曼哈顿桥上。

莫伊瑟夫开始将挠度理论导入吊桥的设计之中,以奥斯马·H·安曼、拉夫尔·莫德杰斯基为首的桥梁技术者将莫伊瑟夫拉入了自己的阵营,由安曼等人经手的吊桥完全是由莫伊瑟夫设计的……(中略)……

乔治·华盛顿桥也是莫伊瑟夫设计的,而且使斯坦因曼完全吃惊的是这个吊桥,加劲桁架完全消失了。这样的'进步'也是安曼沾沾自喜的,以后,安曼和莫伊瑟夫组成了联合体,开始了易挠曲的吊桥的宣传活动……(中略)……

没有加劲桁架的乔治·华盛顿桥,使用起来没有任何问题,斯坦因曼当然感到困惑,应该说这是莫伊瑟夫——安曼派的理论胜利,乔治·华盛顿桥是不合乎斯坦因曼理论的例外,以后数年,乔治·华盛顿桥曾由风的情况而出现1.5~2m的铅直振动,斯坦因曼一直都为此事烦恼。

过了不久,席卷世界的经济危机爆发了,事态在不断扩大,长达10年的经济不景气,桥梁的预算难以保证,这是一个产生了经济性最优先考虑的风潮,不得不失去了安全的时代。

在这样的时代风潮之中,没有加劲桁架的乔治·华盛顿桥依其辉煌显示了成功。1935年至1940年间设计和施工的吊桥,安全率几乎下降到极限,那不只是斯坦因曼竞争对手设计、施工的吊桥,连斯坦因曼自己设计的千岛吊桥和鹿岛吊桥也落入了这样的范畴之内。

例如,鹿岛吊桥是1938年至1939年间施工的,中跨约356m,在缅因州海岸的深沟中,需要大水深,相当难对付的基础,斯坦因曼关于这个吊桥说:'设计只用了一周就完成了,需要300万美元,但预算只有130万美元,这样的情况之下,怎样做才能不垮?恐慌不仅仅是桥梁的施工者,连桥梁的设计者也是心痛的、没有办法的。千岛吊桥和鹿岛吊桥对我来说,逆时代的潮流而上是不可能的。'

1938 年斯坦因曼成功地解决了千岛吊桥摇动问题。这一年,也是塔科玛桥和布朗克斯白石吊桥发表初步设计的年份,两座桥都是莫伊瑟夫设计的。一看,斯坦因曼在同事中说:‘这座吊桥要出问题啦。’当时无人相信,但是他的预言,不大功夫就成了现实。

斯坦因曼考虑技术者同事间的忌讳,并没有把自己感到的悬念和疑问告诉给安曼的同事,在工程界的世界中,其他的技术者所做的工作由自己的口中说出是持谨慎态度的,他相信安曼的同事迟早会觉察到吊桥的振动问题,但他向其他的技术者讲了此事。

塔科玛桥竣工后一个多月,新闻传来了桥奇妙摇动的报道。为了回避事故借助力量是当然的,斯坦因曼用心对对手不失礼节,首先向管理吊桥的政府机构写了十分慎重的信,讲了他有关风的知识和经验,如果需要的话,他可以承担此项工作。

管理塔科玛桥的政府机构的回信,举出了莫伊瑟夫的名字,斯坦因曼将回信拷贝了,寄给了莫伊瑟夫,并且向莫伊瑟夫直接通了电话,当时两人通话的内容,大体是这样的——

斯坦因曼语气亲切、耐心地说:‘听到了塔科玛桥摇动的消息,我自己在千岛吊桥和鹿岛吊桥也遇到了同样的问题,但均已很好地解决,那时的经验和其后的我所研究的问题,如果多少有用的话,将感到很荣幸,因此给您打了电话,怎么样?见一面怎么样?如果您的安排有不方便的地方,我这里没有关系,什么时间都可以。’

莫伊瑟夫自信满满地,远的声音回答:‘可以啦,关于振动,我也知道。’两个人通话的三个月后,跳跃的格蒂跳起了狂乱的死亡的舞蹈。”

38 命运的竞争者(2)

斯坦因曼的传记《架设在海上的道路》完全把我的心夺去了,睡不着。偶尔想起了吸烟,又继续读书了。

“对斯坦因曼来说,令人吃惊的塔科玛桥的惨事的原因是有关的桥梁技术人员太过粗心,没有采取任何措施。在塔科玛桥坠落前就那么糊里糊涂的呆着。

吊桥总是有某种能力的,他们太愚蠢了,还以为桥是安全的。斯坦因曼经常这样说:‘任何一座桥梁,都是至坠落而架设的哟!’

现在架设的桥,不能就断言是安全的。这是一个他们并没有注意到的简单真理。

与塔科玛桥相关的技术人员认为在 1940 年 7 月至 11 月的 4 个多月中,确立对策,进行处理的时间太短了。他们对千岛吊桥摇动时,到运营只有一周的时间,斯坦因曼考虑、开发处置的措施,吊桥平安无事的事实怎么看?他们还嘲笑斯坦因曼采用的拉索体系,和塔科玛桥相关的技术人员,4 个月时间,只不过是把危机眼睁睁地延伸了。最终虽和斯坦因曼有相同的考虑了,但已经太迟了。

事故发生的那天早上,感到吊桥的摇动格外异常而中止了交通,塔科玛桥的现场主任飞奔至电话机旁,命令尽快尽快地安装吊桥锚索,但是当他放下电话回到现场时,破坏已经开始了。

责备莫伊瑟夫一个人多少让人还有些同情,但是斯坦因曼认为塔科玛桥的事故是人灾,相信是可以避免的,问题与其说是设计、施工等技术方面的问题,反而不如说,是人类的弱点和愚蠢。自古以来,多少次的重复,人性的弱点潜伏于事故的内部。

莫伊瑟夫作为个人的悲剧付出了惨痛的代价,他的业绩,一瞬之间,被吹得无影无踪,清零了。事故之后,莫伊瑟夫引退了一两年后寂寞地逝去了。

莫伊瑟夫遗留在桥梁界的功绩是伟大的,但他不是业绩,而是塔科玛桥的惨事停留在人们的记忆之中。正如斯坦因曼所说,塔科玛桥垮桥的罪不能归于莫伊瑟夫一个人,莫伊瑟夫成了替罪羊。

塔科玛桥事故前一年多,当局认为这个吊桥的结构非常合适。在西雅图华盛顿大学法库哈森教授的指导之下,投入了2万美元,修建了全桥模型的风洞试验室进行试验,成功再现了主跨产生的第一振型至第九振型的铅直振动。但是引起桥梁实际破坏的扭转振动,试验中却什么也没发现。

照片46　用风扇进行试验的斯坦因曼

而斯坦因曼制作了费用只有50美分的马粪纸做的粗糙的试验模型,利用电扇吹风孜孜不倦地继续研究,还可能得到比法库哈森教授2万美元的试验设备有用的信息(照片46)。当然这是以斯坦因曼的数学素养为基础的,他有着极锐敏的洞察力。

以后,斯坦因曼这样说:‘不管拥有多么优良的实验设备,人的洞察力是不可能取代的。我常常说,牛顿发现万有引力法则,绝对不是因为做了宇宙的模型。’

为了赶上1939年的纽约的万国博览会,布朗克斯白石吊桥竣工了,这时和该吊桥相关的技术人员盗用了斯坦因曼的想法,而且在这时,肯定是错误的盗用。

布朗克斯白石吊桥和塔科玛桥同样使用钢丝绳制作的中央扣,非常明显是从斯坦因曼那里得到的启发。但是另外一个拉索的安装方法却完全相反,用从塔顶向下至加劲桁称为塔索的方法替代了从桁端向主缆呈放射状的张拉称为主缆拉索的方法。简而言之,是不想承认斯坦因曼的独创想法还是有其他原因?我是不知道的。总之,是用吊桥中的塔索替代了主缆拉索。

本来,塔索并不是布朗克斯白石吊桥相关技术人员的独创,大体在一个世纪之前,罗伯林就在布鲁克林桥上使用过。在砌石的刚性极大的塔顶张拉,罗伯林流派的塔索真是很有效果,但是对最柔软的称为摇柱的钢塔,这样的方法并不适用,因为塔和悬吊结构会作为一体做整体运动。

斯坦因曼说:‘正好像船的摇动一样,从船头到桅杆再到船尾,张拉绳索哟’,想到这里是很难相信会在吊桥上采用这种显得十分糊涂的方法,这里多少还是专家的桥梁技术人员哪!

但是,一旦人有了偏见,即使是具有从事领域的专门知识,而且在该方面有丰富的业绩,他也不能正确地看待事和物了。当时斯坦因曼的竞争者与斯坦因曼是完全背道而驰的,斜向张拉的主缆拉索完全是全新的概念,已经超出了斯坦因曼竞争者的理解能力的范围,他们认为,这两种方法,即塔索和主缆拉索,不论哪一个都是对的。

这时发表的布朗克斯白石吊桥的记事中没有记录设计者的名字,因此斯坦因曼并没有想到这是安曼所做的设计。纽约三区桥的最高权威罗伯特·摩西(Robert Moses)编排文章时不在文章中出现设计者的名字,已成了工程新闻纪事的风格。因此,布朗克斯白石吊桥用拉索补强而著作者的名字却没有登载。斯坦因曼想,这篇文章准是编辑者书写的。因此,很快送去了郑重、诚挚的信,信中问到为什么不用主缆拉索,而要用塔索呢?

回信同样刊登在工程新闻纪事上,安曼激烈地反驳道:

'斯坦因曼随便臆测!'

'斯坦因曼对吊桥,到底懂得什么?'

既然已经挑起了争论,斯坦因曼派立刻反驳,想在4个月后出版的杂志上登载,但编辑袒护安曼,非常冷淡地拒绝了,说:'停止争论,已经结束了。'

因此这个期间全美乃至散落在全世界的斯坦因曼的友人以及技术同事肯定是奇怪地想到底斯坦因曼做什么事才不困难呀?结果是斯坦因曼同事中的不知道哪一个人,把斯坦因曼给安曼的回信寄给了编辑,给编辑做了工作,经过了这样的幕后周旋,为什么现代吊桥主缆拉索比塔索更有效的记事,终于在杂志上简明地登出了。对此,安曼立刻就反驳主缆和拉索不能很好地相连,斯坦因曼和同事对安曼的质问立刻进行了回答,语气是平和的,在内容上也是有道理的。除了部分安曼派的同事之外,大多数的技术人员都是认可斯坦因曼观点的。

布朗克斯白石吊桥开始运营后不久,正像斯坦因曼预言的那样,吊桥开始摇动,汽车行驶在上面,驾驶员好像晕船一样,严重的时候,不能运行,其中也有些车里的女性受不了跑出车外,但桥上的摇动却更加厉害。所有这些事,正如斯坦因曼所说,特别容易解决。

斯坦因曼很快就向最高权威的罗伯特·摩西写信说了此事,罗伯特·摩西虽然不熟但并不是完全不知道。斯坦因曼直率地说我可以制止布朗克斯白石吊桥的摇动。

罗伯特·摩西将斯坦因曼的信让安曼看了,安曼立刻就以无知且想不到的傲慢态度说:'斯坦因曼架设的都是小吊桥,想教我们的,一个也没有!'

听到这样的回答,罗伯特·摩西大吃一惊,但安曼是架设世界第一吊桥的权威,于是在给斯坦因曼的回信中还是引用了那些傲慢的话。"

▶▶▶ 39 命运的竞争者(3)

范德皮特教授告诉我,安曼和斯坦因曼是命运的竞争对手,威廉·拉提根的《架设在海上的道路》中也说,他们俩人竞争对手的关系绝对不是一时时的几次而过的事,而是像文字"命运"一样,一直稀溜溜地流淌。

威廉·拉提根站在斯坦因曼立场写的书,多少认为安曼不好而讨厌,不管怎样,斯坦因曼对安曼派抱有不信任感和嫌恶的心情,他肯定一直有今生是被害者的意识,而且这个倾向,在塔科玛桥坠落之后更强了。

"塔科玛桥坠落之后,美国当局命令西奥多·冯·卡门、奥斯马·H·安曼和库莱·B·伍德拉夫三位权威组成委员会进行事故的调查。

以后伍德拉夫想念斯坦因曼,三人的调查委员会当初的技术见解不一致,伍德拉夫和安曼经常起冲突而使报告难写成功。

那么冯·卡门又是怎样的呢?他已上了年纪,年轻时在流体力学领域积累了光辉的业绩,被看作是空气力学领域中的权威,但实际上对吊桥却一无所知,对已理解的问题也显得精力不足。斯坦因曼自己曾一度对冯·卡门指出的理论表示敬意,但继续研究之后,立刻感到无意义而放弃了。

1941年,斯坦因曼写成论文《吊桥的刚性和抗风稳定性》,向美国土木学会志投稿。但是,却得到了投稿者最不想看到的结果,原稿和一纸拒绝的理由一起退还给了斯坦因曼。

这样的事情,对斯坦因曼来说,并非厚着脸皮,降低标准,改写论文。年青,还处在竞争向上的时代,斯坦因曼还没有提交的论文被拒绝的经验。反而,包含最高的金奖,由学会获得的奖很多,他在1941年提出的这篇论文是比哪一篇都重要、都有价值的论文。斯坦因曼选择吊桥作为毕生研究的领域,但是竞争对手成群而且执掌学会的领导地位,斯坦因曼的论文当然被拒绝了。

经过两年多,斯坦因曼的著名友人哈迪·库勒斯教授劝其将论文再投到论文集上登载。论文登出之后,主流派的人如同风和振动问题的专家一样,开始质问、攻击斯坦因曼,抓住机会狠狠敲打斯坦因曼,把斯坦因曼当作侵入他们领域的入侵者,给他打上想一步登天的烙印。

1941 年'长跨度吊桥咨询委员会'成立了。主办此事的是 F·H·弗兰克兰,F·H·弗兰克兰没有受过技术教育,也没有受过科学家的训练,是一位典型的企业营销人物,他和安曼共同选拔了总数 20 名排除其他派系的委员。

F·H·弗兰克兰和安曼得到了当局长官汤姆·麦克唐纳德的支持,并得到了数额不小的 15 万美元的预算以及可以随意使用似乎成为他们的风洞。当然,斯坦因曼被排除在委员会之外。

1941 年至 1943 年间,正是斯坦因曼积极想做风洞试验的时期,他想把自己推出的理论假说求得试验的验证以及在他导出的公式中含有的几个参数由试验求出。

不巧,斯坦因曼知道的风洞都用于战争目的,日程安排得很满,他的愿望实现不了了。

照片 47　诺曼金奖受奖的斯坦因曼

斯坦因曼向华盛顿州的长官麦克唐纳德写了信,诉说了自己努力的经过,希望在技术咨询委员会缺员时能将自己补充,而且风洞试验时自己到场,希望能处理风洞试验的数据等等事项。麦克唐纳德和安曼商量后回信,拒绝了斯坦因曼要求加入委员会的要求。

至少,作为愿望,斯坦因曼希望在资料发送名单中,列入自己的名字。但对此,以咨询委员会的委员长的名义说现在进行的风洞试验都是委员们自己学习研究的项目,还有委员会的审议事项对外均是重大的秘密而拒绝了。斯坦因曼明白资料都送给了竞争对手,那时的斯坦因曼真是没有一点办法。

但不管斯坦因曼多着急也不是什么也不干,完全消沉下去。他在别人完全不知的情况下用手制的 50cm 的马粪纸做的模型在事务所电扇的吹动之下进行独立的试验。

但随心所欲一手炮制的委员会,却给自我推荐的所谓专家随便使用风洞。

如果相同的事情允许斯坦因曼做的话,其研究就会变得容易,而且能有效地推进研究了。

尽管如此,咨询委员中有两个人和斯坦因曼的关系比较好,悄悄地把他们拿到的资料让斯坦因曼看了,就这样斯坦因曼看到了报告书,斯坦因曼对报告书的内容的空虚感到吃惊,试验的结果和对试验的考查,在斯坦因曼看来都是非常可怕的。即使斯坦因曼成为委员会的一员,他相信试验也得不出什么结果。委员会继续拒绝他的事实,毕竟是很严厉的,不得不强烈地感到好像哈姆莱特《残酷的命运》一样。

不管斯坦因曼和他人有多大的差别,多么的不公平,斯坦因曼并不灰心,他还是闯进去了,马粪纸做的模型和电扇是斯坦因曼的盾,也是他的矛,这个成果,1945 年在土木工程杂志上分五次以'桥的抗风设计'为名署名连载。这个论文曾在世界各地广泛流传,也有不少国家翻译成本国文字。

实际在这个论文中,斯坦因曼为了能够结束他的研究,强烈诉求风洞的使用是必要的,对他最亲切的是弗吉尼亚工科大学的马赫教授,马赫教授率领自己的团队全力协助斯坦因曼,让斯坦因曼自由地使用大学的风洞,这样由于马赫教授的协助和风洞的使用给其后斯坦因曼的研究,不用说带来了不可估量的方便,斯坦因曼常常为此事对马赫教授表示深深的感谢……(中略)……

终于命运的振子开始摆向了斯坦因曼,美国的研究基金在以后数年中赞助了弗吉尼亚工科大学马赫教授的研究和风洞试验,当然是由于斯坦因曼的协助。

不知什么时间,天已经亮了,拉开窗帘,加利福尼亚的晃眼的阳光一下子飞进了宾馆的房间。

我打开了窗户,狠狠吸了一口早上的清新的空气,刚才花时间读的安曼和斯坦因曼都是吊桥的巨人,他们的关系是潮湿阴冷,而且是带有腥味的固执,又离不得。旧金山的蓝天映入了眼睑。"

40 结束章——谁把塔科玛桥弄垮了?

……不愧是斯坦因曼的竞争对手,安曼派不能逆向控制自然界的法则而行。

安曼尽管以充分的自信,断言:布朗克斯白石吊桥是安全的,振动很小几乎感觉不到,但在1945年还是突然进行了加劲桁架的追加施工,花费了130万美元,简直就像把钱扔到下水道里一样,加劲桁不稳定?加劲桁架就稳定?事实上并没有任何根据,加劲桁改为加劲桁架立于非科学的认识,聚合在一起的桥梁技术者同事真是显得很愚蠢,而且付出了高昂的代价。

布朗克斯白石吊桥从原来的3m多的加劲桁上又加了4m多的桁架,以纤细美而著称的布朗克斯白石吊桥的美观也没有了,而且还不仅仅如此,法库哈森教授进行风洞试验时显示,用桁架补强反而带来了抗风稳定性恶化的结果,这一点在法库哈森教授的报告表中已有明确的记载。

根据斯坦因曼的说法,他们这样的错误,还叠加了另一个失败,那就是在废除人行道,将行车道部分扩宽的借口之下,设置的通风口愚蠢又太小,完全达不到效果,而斯坦因曼的专利是从侧方设通风孔的。

斯坦因曼的理论充分预测到金门桥在强风吹动之下会发生危险的振动。因此,1953年安曼等人在金门桥补强时,投入了350万美元的巨额资金,进行了增加下横构,以增加扭转抵抗力的补强工事。

其实在这之前的1948年,斯坦因曼以'桥的振动和抗风稳定性理论为题,写了新的论文交给美国土木学会,这是他的独创力和科学素养相辅相成的新成果,论文内容显示了斯坦因曼很深的洞察力和新的发现,这是不管飞机,还是桥梁,包含所有振动的一般理论,其后实证了其正确性。

但是,斯坦因曼又经受了一次考验,一张拒绝的通知书非常冷淡地和原稿一起退还了,此时,世间舆论已逐渐向赞成斯坦因曼的方向发展,今天已成为少数派的竞争对手已经无力再黑白颠倒了。因此,1949年斯坦因曼修改了论文再提交时,土木学会就诚挚地接受了。

美国土木学会的论文集一般在所登论文的后面载有讨论的意见,斯坦因曼新的友人,即他在航空力学、流体力学知道的几位权威寄来了他们讨论的意见和赞美之词,却没有竞争对手的意见。斯坦因曼完全胜利了,论文获得了土木学会的最高奖诺曼金奖。

经历了长年的不佳遭遇,今天终于接近尾声了,春天的阳光已经照在斯坦因曼微笑的脸上。

他的理论终于被人数众多的技术者接受了,对斯坦因曼当然是高兴的事,更重要的是带来了桥梁界的一个革命——吊桥的抗风稳定性,也意味着新的科学诞生……(中略)……纽约的学术会议因斯坦因曼的功绩而将他作为终身会员,后又被选为评议员,接着又被推为理事长,在学术会议 140 年的历史中,技术者成为理事长的是没有先例的。

就任理事长的讲演题目是“桥和抗风稳定性”……

安曼和斯坦因曼的争论,最后以斯坦因曼占胜的意见多一些吧,至少威廉·康拉提根写的《架设在海上的道路》是那样处理的,这可能是安曼派不容反驳的意见少吧……

说实话,我觉得谁胜谁败是无关紧要的。吊桥世界中灿然光辉的两个巨人过于受制于人类的弱点,过于固执,稀溜溜地互相搅和在一起,完全被世故所压倒了。

我曾经想过塔科玛桥会不会不垮呢?听了法库哈森教授的话和范德皮特教授的说明,如果中央扣不断,莫伊瑟夫再有一点谦虚的话,是不是塔科玛桥能够挽救呢?

这样的考虑,我想是正确的。但是再看看塔科玛桥垮桥的各种各样的事实,好像又不光是中央扣的问题,搅缠在中央扣上的安曼和斯坦因曼是一般桥梁技术者不可比的大人物。

我虽通过一系列的经过了解了安曼和斯坦因曼之间的纷争,但并不知道安曼是怎样解释这一切的。

威廉·拉提根的著作是斯坦因曼的传记,当然是站在斯坦因曼的立场上写的,因此安曼就那样算了,我想还是有不同的说法的。

美国的吊桥乃至世界的吊桥,某个时期斯坦因曼和安曼是各占一半的总设计师,而让安曼一方扮演坏人?太残酷了。因此,安曼派的意见,要是找的话,肯定是很多的。

但是对我怎么样都行,已经够了。

比较双方的主张,哪一边符合道理?实在是难。林登塔尔门下培育的两个优秀的人,事实上这半个世纪的争论太过猛烈了,我想双方应稍微退缩一些。

我认为在科学和技术的世界里,本质上是和安曼、斯坦因曼争论的事无缘的。正确的就是正确的,黑白分明是清清楚楚的,是社会下的结论,权术阴谋诡计等等的词,不管是意大利的政治家马基雅维里(Machiavelli),还是韩非子,是符合政治的世界的。

但是安曼和斯坦的争论就是那样,技术方面两人都可以举出伟大的成就,两人争吵的模样,露骨的感情表露和理性完全相反,人类的底线在互相缠绕着。

那些争吵的事真的有吗?即使有的话也是好事吗?好几次我自己问自己,继续把书看下去。威廉·拉提根的笔在我的眼前暴露出安曼和斯坦因曼纷争的事,真的很难相信。

服务员从门缝里瞟了一眼,说要打扫房间,正是涨潮的时候,我换好衣服走出了房间,在日本料理店"绿"吃了饭,我叫了车,向金门桥驶去,还昨天借的书,给佐佐木打了电话,他很快回话了。

打开车窗,睡眠不足感到热,含有涨潮时香味的旧金山的风清爽地吹了进来。

"谁把塔科玛桥弄垮了?"

曾经成了口头语的词汇,想不到又说了出来。这时我的脑海里掠过的不是塔科玛桥振动的样子,而是安曼和斯坦因曼互相瞪着白眼纠缠的样子。

但是那只是一瞬间对小气的人类共性的轻视。雄伟耸立的金门桥的真红的塔,在我的眼前变得越来越大,佐佐木先生微笑地迎接我了。

参 考 文 献

1）“Aerodynamic Stability of Suspension Bridges with Special Reference to the Tacoma Narrows Bridge—Part I：Investigation Prior to October，1949”
By F. B. Furquharson.
University of Washington，Engineering Experiment Station，Bulletin No. 116，Part I，June，1949.

2）“Ibid. —Part II：Mathematical Analysis”
By Frederik C. Smith and George S. Vincent.
Bulletin No. 116，Part II，October，1950.

3）“Ibid. —Part III：The Investigation of Models of the Original Tacoma Narrows Bridge Under the Action of Wind”
By F. B. Furquharson.
Bulletin No. 116，Part III，June，1952.

4）“Ibid. —Part IV：Model Investigations Which Influenced the Design of the New Tacoma Narrows Bridge”
By F. B. Furquharson.
Bulletin No. 116，Part IV，April，1954.

5）“Ibid. —Part V：Extended Studies；Logarithmic Decrement，Field Damping，Prototype Prediction，Four Other Bridges”
By George S. Vincent.
Bulletin No. 116，Part V，June，1954.

6）“鋼橋Ⅲ”平井 敦著 技報堂 昭和42年9月（改訂第1版）

7）“長径間吊橋の理論と計算”川田忠樹著 橋梁編纂会 昭和44年3月

8）“Tacoma Narrows Bridge Wrecked by Wind”
Engineering News-Record，Nov. 14，1940.

9）“Editorial-Dynamic Wind Destruction”
Engineering News-Record，Nov. 21，1940.

10）“Model Tests Showed Aerodynamic Instability of Tacoma Narrows Bridge”

By N. A. Bowers, Pacific Coast Editor.
Engineering News-Record, Nov. 21, 1940.

11) "Mechanical Vibrations"
By J. P. DenHartog
McGraw-Hill, 1956 (Fourth Edition).

12) "The Mighty Task Is Done"
By Joseph B. Strauss, written upon the completion of the Golden Gate Bridge in May 1937.
Golden Gate Bridge, Highway and Transportation District.

13) "The Golden Gate Bridge"
Report of the Chief Engineer to the Board of Directors of the Golden Gate Bridge and Highway District, California.
September, 1937.

14) "San Francisco Bay"
By Harold Gilliam.
Doubleday and Company, Inc., 1957.

15) "Golden Gate Bridge Vibration Studies"
By George S. Vincent.
ASCE Proceedings, Paper 1817.

16) "Report on Alteration of Golden Gate Bridge"
By Board of Engineers: C. E. Paine, O. H. Ammann and C. E. Andrew.
Golden Gate Bridge and Highway District, January, 1953.

17) "On theVibration of Suspension Bridges and Other Structures; And the Means of Preventing Injury From This Cause"
By John Scott Russell.
Transaction of the Royal Scottish Society of Arts, 1841, Vol. I (Read before the Society on the 16th of January, 1839).

18) "Bridges and Their Builders"
By David E. Steinman and Sara Ruth Watson.
Dover Publications, 1957 (2nd Edition).

19) "Wind Failures of Suspension Bridges or Evolution and Decay of the Stiffening Truss"
By J. K. Finch.

Engineering News-Record, March 13, 1941.

20) "Gustav Lindenthal's Discussion by the letter, addressed to D. B. Steinman's paper 'A Generalized Deflection Theory for Suspension Bridges'"
ASCE Transactions, Paper No. 1918, March, 1934.

21) "The Failure of the Tacoma Narrows Bridge——A Report to the Honorable John M. Carmody, Administrator, Federal Works Agency, Washington, D. C."
By Board of Directors: O. H. Ammann, Theodore von Kármán and G. B. Woodruff.
March 28, 1941.

22) "Stays and Brakes Check Oscillation of Whitestone Bridge"
Engineering News-Record, December 5, 1940.

23) "The Builders of the Bridge——The Story of John Roebling and His Son"
By David B. Steinman.
Harcourt, Brace and Jovanovich, Inc., 1945.

24) "Two Recent Bridges Stabilized by Cable Stays"
Engineering News-Record, December 5, 1940.

25) "Proceedings-International Symposium on Suspension Bridge at Lisbon"
Laboratorio Nacional de Engenharia Civil, Lisboa, Portugal, 1966.

26) "The Sarazar Bridge"
Gabinete da Ponte Sobre o Tejo, Lisboa, Portugal, July, 1966.

27) "Tagus River Bridge——for highway and railway traffic"
By R. M. Boynton.
Civil Engineering, ASCE, February, 1966.

28) "Bridges and Men"
By Joseph Gies.
Doubleday and Company, Inc., 1963.

29) "Triumph der Spanweiten-Vom Holzsteg zur Spannbetonbrücken"
By Hans Witfoht.
Beton-Verlag GmbH, 1972.

30) "The Tay Bridge Disaster-New Light on the 1897 Tragedy"
By John Thomas.
David & Charles Ltd., 1972.

31) "Mackinac Bridge——Longest Bridge Cables ever constructed"

By W. E. Joice.
Civil Engineering, January, 1957.

32) "The Engineer and His Works——A Tribute to Othmar Hermann Ammann"
The New York Academy of Sciences, September 29, 1967.

33) "Highways Over Broad Waters——The Life and Times of David B. Steinman, Bridge Builder"
By William Ratigan.
Wm. B. Eerdmans Publishing Co., 1959.

34) "A Decade of Bridges 1926—1936"
By Wilber J. Watson.
J. H. Tausen-Cleaveland, O, 1937.

35)「デンハルトック 機械振動論」谷口・藤井共訳 コロナ社刊,昭和37年

照片、图、表的出处

1）"Aerodynamic Stability of Suspension Bridges with Special Reference to the Tacoma Narrows Bridge—Part Ⅰ：Investigation Prior to October，1949" by F. B. Furquharson.

［图 1，3～4，9～10］［照片 2，5～6，10～21，23］［表－2］

2）"Ibid.—Part Ⅲ：The Investigation of Models of the Original Tacoma Narrows Bridge Under the Action of Wind" by F. B. Furquharson.

［图 29，32］［照片 7～8，39］

3）Ibid.—Part Ⅳ：Model Investigation Which Influenced the Design of the New Tacoma Narrows Bridge" by F. B. Furquharson.

［图 17］

4）"Grand Larousse Encyclopédique 1962"（En dix volumes）

［照片 9］

5）"Wind Failures of Suspension Bridges or Evolution and Decay of the Stiffening Truss" by J. K. Finch.

［照片 4，29～31］

6）"Model Tests Showed Aerodynamic Instability of the Original Tacoma Narrows Bridge Under the Action of Wind" by N. B. Bowers.

［图 2，6］

7）"Mechanical Vibrations" by DenHartog

［图 7～8］

8）"Stays and Breaks Check Oscillation of Whitestone Bridge" Engineering News-Record，December 5，1940.

［图 11］

9）"The Golden Gate Bridge Vibration Studies" by G. S. Vincent.

［图 12～14］［表 1］

10）"Report on Alteration of Golden Gate Bridge" by Golden Gate Bridge and Highway District，January，1953.

[图 15 ~ 16, 19]

11) "On the Vibration of the Suspension Bridges and Other Structures; And the Means of Preventing Injury from This Cause" by J. S. Russell.

[图 21]

12) "Bridges and Men" by Joseph Gies.

[照片 22]

13) "A Decade of Bridges 1926 - 1936" by Wilbur J. Watson.

[照片 32]

14) "The Builders of the Bridge——The Story of John Roebling and His Son" by D. B. Steinman

[照片 33]

15) "Two Recent Bridges Stabilized by Gable Stays" Engineering News-Record, December 5, 1940.

[图 22 ~ 23]

16) "Highways Over Broad Waters" by William Ratigan.

[照片 34, 43, 45 ~ 46]

17) "The Failure of the Tacoma Narrows Bridge" by O. H. Ammann, T. von Kármán and G. B. Woodruff (Official Report).

[图 24 ~ 26, 28]

18) "Why the Tacoma Narrows Bridge Failed" Engineering News-Record, May 8, 1941.

[图 27]

19) "Proceedings-International Symposium on Suspension Bridges at Lisbon" Laboratorio Nacional de Engenharia Civil, Portugal, 1966.

[照片 36, 38]

20) "The Sarazar Bridge" Gabinete da Ponte Sobre o Tejo, July, 1966.

[图 30]

21) "Tagus River Bridge——for Highway and Railway Traffic" by R. M. Boynton, Civil Engineering, ASCE, Feb., 1966.

[图 31]

22) "Triumph der Spanweiten-Vom Holzsteg zur Spanbetonbrücken" by Hans Witfoht.

[照片 40]

23) "The Tay Bridge Disaster——New Light on the 1879 Tragedy" by John Thomas.
[照片 41]

24) "Mackinac Bridge——Longest Bridge Cables Ever Constructed" by W. E. Joice, Civil Engineering, Januray 1959.
[图 33]

25) "The Engineer and His Works——A Tribute to Othmar Hermann Ammann" The New York Academy of Sciences, September 29,1967.
[照片 43]

26) "鋼橋Ⅲ" 平井 敦著
[表 3]

27) Courtecy Mr. Robert Byrne, Vice President of Westamerica Publications, Inc. (Publisher), and the Editor of "Western Construction".
[照片 45]

28) その他著者自身の手によるもの
[图 5, 18, 20] [照片 1, 3, 24 ~28, 35, 37]

后　　记

去年4月末，因工作关系，又去了西雅图，最初和法库哈森教授的会面，已正好是十年前的事了。

望着被雪覆盖的雷尼尔山，架设在海峡上的塔科玛桥和我以前访问时看到的姿态一点也没变。美丽的吊桥，没什么可说的。

之后，我去了塔科玛市的商店街，目标是一家照相馆店。10年前的记忆还在我的脑海中，一边让车开着一边找。

"The Camera Shop——Barney Elliott's"啊！有了，和以前一点也没变，还在街上相同的位置。

"唉，唉，记得，记得。

10年前法库哈森教授来电话，让给日本来的客人胶片。那就是你啊！那时托运单的副本，还在这里哟。"

巴尼·埃莱奥特和著者(1974.4.30)

脸红红的巴尼·埃莱奥特(Bavney Elliott)，没有变，还是和蔼可亲。

巴尼·埃莱奥特是曾在法库哈森教授的指导之下，拍摄了旧塔科玛桥坠落瞬间的摄影师，今天仍然是过去那副模样，满满都是怀念的气氛。

两个人在店前并排站着，照了一张纪念照片，我们都很高兴。

分别的时候，我问道法库哈森教授身体怎样？生活得怎么样？他面带遗憾的表情，头左右摇动，一边静静地说："He was dead a couple of years ago.——教授已在几年前去世了。"我感到那是十年间，岁月沉重的语言。

著者

1975年5月12日

译者的后话

历史是一个事物必不可缺的组成部分，不了解过去，就不能很好地了解现在，不了解现在，也就不能很好地预测事物的发展和前景，也就是说，必须知道一个事物的来龙去脉。

川田先生的《谁把塔科玛桥弄垮了?》写于1975年，距今已经42年了，而塔科玛桥垮桥发生在1940年，距今已有77年了。

我十余遍看该书，边看边揣摸，桥梁的总体设计、断面形式、卡门涡、中央扣、中央扣斜索疲劳、索夹滑动、铅直弯曲振动转化为扭动振动，垮桥事故是怎样一个过程？什么原因导致了塔科玛桥垮塌？当时发生了什么事情？

围绕着塔科玛桥垮桥事故的前后以及金门桥的振动和补强，乔治·华盛顿桥、维拉扎诺桥、布朗克斯白石桥、麦金奈克桥等等美国著名的桥梁建设中的问题以及显现在其中的以安曼和斯坦因曼为主的美国吊桥建设中两大流派的争执与斗争，反映了美国在桥梁建设理论，尤其在抗风设计上的差异，激起了我将此书译成中文的愿望。

川田先生不仅有深厚的文学功底，他所领导的川田工业株式会社参与了日本本州四国联络桥和其他一系列桥梁的建设，他也是一位参与了日本长大桥建设的实践家。

本书作为一本技术性的“游记”，其中还有不少川田先生本人的想法，琢磨、了解当时人物说话的背景和人与人之间的关系，对译者来说是不可少的，是至关紧要的。

塔科玛三桥(左)和新塔科玛桥(右)

塔科玛桥垮桥之后，1950年又在原址修建了新塔科玛桥，从照片上可以看出新桥和旧桥相比，已在桥梁的总体和抗风措施上有很大的不同，又于2007年并排修建了塔科玛三桥，川田工业株式会社参与了该桥的施工。

我在东京大学学习期间，就已经和川田先生相识，2006年川田先生夫妇曾来我校访问，一直保持着友好交往，我不仅有他的多本著作，也通过多次交谈，了解了他对长大吊桥的一些思考与想法。

本书在日本已印刷五次之多，说明了读者，尤其是桥梁技术者对该书的认可，满足了追索事故缘由的好奇心。

在本书中文版出版之际，我要特别感谢沈赤、杨小雁、宋佳玲、刘丰所给予的帮助，没有她们付出心血的劳动，本书的出版将更加艰难。

感谢人民交通出版社的诸位，感谢卢俊丽编辑、郑蕉林编辑，他(她)们的辛勤劳动使本书的翻译画上了完美的句号。

拙译作缺点和错误在所难免，恳请批评指正。

刘健新

2017 年 10 月

译者注：本书中多次提到安曼和斯坦因曼，为了使读者更好地了解安曼和斯坦因曼的生平、经历和围绕着美国吊桥的建设以及塔科玛桥坠落事故的恩恩怨怨，特将川田忠树写的《对钢结构的发展做出贡献的人们》翻译如下。

对钢结构的发展做出贡献的人们

·安曼和斯坦因曼

1952 年，美国的土木学会为了庆祝创立 100 周年发行的纪念邮票和首日封如附照片 1 所示，表示了安曼和斯坦因曼两位大师的人际关系。注1)

附照片 1　庆祝美国土木学会创立 100 周年发行的纪念邮票和首日封

纪念邮票画面以新旧对比的方式印刷，“麦迪逊桥”在日本也是很有名的带屋顶的木桥，新桥则是世界跨度首次超过 1000m 的纽约乔治·华盛顿桥，众所周知，乔治·华盛顿桥是美国带给世界的杰作，拉开了长大桥的建设序幕。

首日封的左端可以看见设计什么桥的两只手，实际上这是斯坦因曼的手，由他设计而未能由他而实现的梦幻的吊桥，中跨 1646m（5400 英尺）的自由桥的完成预想图。

美国土木学会创立的 100 年间，是和古罗马盛世齐名的建设繁荣的时代，作为象征，在创立 100 周年时，以这样的形式赞扬了两位大师，安曼和斯坦因曼。

安曼和斯坦因曼是代表美国土木技术界的两位巨匠，但也有不共戴天的人际关系，对美国长大桥时代有很大贡献的同时，两个人终生都不相容，始终是竞争对手。

一方的作品作为纪念邮票，而另一方没在邮票上采用，而作为首日封的设计，这点暗示了两个人之间微妙的关系。

顺便说一句，斯坦因曼的手画的梦幻的自由吊桥位于在纽约哈德逊河的河口处，连接史坦顿岛和长岛。斯坦因曼见纽约湾内耸立着自由女神像（Statue of Libery）而命名为自由桥。

最初斯坦因曼提出自由桥的构想是 1926 年，30 年来，一直持续不断地追求实现这个梦想，土木学会在首日封采用的画面是组织的宣传活动之一环。

但是斯坦因曼最终未能实现这个梦想，从事了长久持续研究的他，在最后的瞬间被夺去了实现的机会，这个人不是别人而是安曼。

1959 年至 1964 年，安曼架设了中跨 1298m 的维拉扎诺桥，这是跨度凌驾于中跨 1067m 的乔治·华盛顿桥和中跨 1280m 的金门桥之上的世界第一吊桥，维拉扎诺桥和自由桥多少有些跨度的差异，但安曼在斯坦因曼想架设自由桥的位置架设了维拉扎诺桥。

·安曼的经历

当时美国土木学会中代表长大桥时代的互相竞争的两大巨匠安曼和斯坦因曼是什么样的人物呢？先从年长 7 岁的安曼开始，追寻他的经历吧。

安曼（Othmar Hermann Ammann）1879 年 3 月 29 日出生于瑞士的沙夫豪森（Shaffhausen），父亲是做帽子的工匠，母亲是当时有名画家的女儿。

1902 年毕业于工科名校——联邦理工学院（Eidgenössiche Technische Hochschule Federal polytechnic lnstitute）。在德国法兰克福工作了两年，1904 年 25 岁时，来到了美国。

附照片2　O·H·安曼

刚到美国的时候，在纽约的迈耶（Joseph Mayer）事务所和桥梁公司（Pennsylvania Steel Company）等处工作，这个桥梁公司架设了昆斯伯勒桥（Queensboro Br.），跨度360m，时间是1905～1909年。

昆斯伯勒桥给安曼创造了两个机会，其中之一是这个桥是当时最先进的桥型——悬臂桁架梁桥，安曼的工作得到了工程主任工程师孔兹（Frederick C. kuntz）很高的评价和信赖。

还有一个机会是通过工作认识了林登塔尔（Gustav Lindenthal），林登塔尔是负有盛名的桥梁公司中昆斯伯勒桥的设计主任。

正好在昆斯伯勒桥施工最紧张的时候，加拿大同样的悬臂桁架梁桥，完成了将是世界第一中跨548.6m的魁北克桥发生了事故，孔兹强烈地推荐安曼担任事故调查委员会的委员，调查委员会的委员长由原美国桥梁的主任工程师施奈德（C. C. Schneider）就任，安曼在其下作为助手从事事故的调查和报告书的编写。

1909年，昆斯伯勒桥完工之后，施奈德和孔兹组成工程公司而独立，安曼也暂时在公司中工作。

但是安曼真正的老师是林登塔尔，1902年至1905年的三年间，林登塔尔是纽约市的桥梁部长，当时林登塔尔率领有100多技术者的公司，以解析超静定结构而著名。

1912年，33岁的安曼还在林登塔尔的公司里工作。7月1日的日记中写道“林登塔尔雇我”的安曼不长时间他的能力就得到林登塔尔的认可，同年9月24日从林登塔尔那里得到了纽约东河区工程主任助手的任命，东河区包含跨度298m当时世界第一跨度的地狱门拱桥，也是安曼的工作范围。

地狱门拱桥对安曼是某种意义上的命运转折点，1914年7月28日第一次世界大战爆发了，瑞士因是全民皆兵的国家，因此还保有瑞士国籍的安曼回国从事国防的工作。

地狱门拱桥的架设只完成了部分的工作，这一年7月1日入社的斯坦因曼代替了不在的安曼继续工作。

所幸，永久中立国瑞士实际并未参战，四个月后，安曼退了兵役，返回工作岗位，立刻复归到原来的工作上，但仅仅不在几个月，公司内新入社的年轻的斯坦因曼，已经完全说啥就啥，飞扬跋扈了。当时安曼35岁，斯

坦因曼28岁。

地狱门拱桥于1916年9月顺利竣工，作为主任工程师助手，实际指挥者的安曼，将其建桥的经过在美国土木学会1918年美国土木工程师学会会议记录上以150页的论文详细登载了，此外还有论文讨论中的35页，安曼获得了罗兰奖(Rowland Prize of the Year)[注2]，声名大振。

但是在登载了安曼论文的同号杂志上，也有斯坦因曼的论文，对照计算的设计应力和贴应变计测出的实际应力的关系，从伊兹桥、魁北克桥事故例看，二次应力和施工架设的应力不能忽视，对应着时代的风潮。

而且，两人的老师林登塔尔接着斯坦因曼的论文在讨论中写道："由于斯坦因曼的工作……地狱门拱桥构造，所有的应力状态都已解明。"褒奖了斯坦因曼。[注3]

两雄不能并立，林登塔尔门下第一号和第二号两个人，这时已经不合铆了，之间的分歧已在地狱门拱桥的论文和论文讨论中显现。

·斯坦因曼的经历

使安曼神经紧张的年轻7岁的竞争对手斯坦因曼是个什么样的人？

斯坦因曼1886年6月11日出生于纽约的布鲁克林，但是不可思议的是：他的生涯和父母亲的家系没有记载，因此威廉·拉提根所写的详细传记中，此处完全缺失。[注4]

斯坦因曼作为布鲁克林桥天赐的孩子，后来在名片上印有桥梁建造者的字样，他写了关于自己的诗。

都市的街路到家居的五楼，
一位少年充满了惊异光彩的目光。
无论冬寒夏暑，
阳光在跳舞，星星唱着摇篮曲。
……
桥！缆索横跨海湾而摇曳。
竖琴般的弦发出声音的钢丝。
那是少年在嘀咕，
"什么时候……什么时候……"
"我的竖琴在那里哟。我已听到那里的歌声！"

"竖琴"大井浩二译[注5)]

1906年,作为纽约城市学院的优等生毕业,1909年从哥伦比亚大学毕业。1911年25岁时取得了哥伦比亚的博士Ph. D学位。

根据记录,1910年在爱达荷大学讲授土木工学,而且此时将梅兰教授的名著由德语翻译成英语,1913年出版了《拱和吊桥的理论(Theory of Avches and Suspension Bridges)》。[注6)]

梅兰的书,是对吊桥以"挠度理论"计算时,最先给出理论解的,具有非常重要的意义。梅兰的挠度理论解法,由莫伊瑟夫和斯坦因曼用于实桥,从此之后,出现了美国的长大桥时代。[注7)]

斯坦因曼将梅兰的挠度理论的译作送给了林登塔尔,使林登塔尔认识了自己而成功。1914年7月1日辞去了爱达荷大学教授的职务,成为继安曼之后的第二号人物在林登塔尔手下开始工作,当时斯坦因曼28岁。

斯坦因曼1915年6月结婚,附照片3是1916年拍摄的,看上去是非常幸福的一对。

附照片3 和夫人在一起的斯坦因曼

斯坦因曼没有说自己的家族,但关于夫人从相识却非常得意,夫人是原维也纳大学医学部教授的女儿,为了庆祝斯坦因曼结婚,林登塔尔将他的工资提高到每月200美元,位于安曼的每月220美元之后。

· 架设世界第一吊桥的两位技术者

至20世纪60年代,长大吊桥是美国独自占有的舞台,美国的桥梁技术者分成两个部分,首领就是安曼和斯坦因曼,两个人是分别架设了世界第一吊桥的人物。

参见附图1,这是60年代长大吊桥的排名表,非常明确。

跨度最长:

维拉扎诺桥,1298m。

锚碇间最长:

麦金奈克桥,2543m。[注8)]

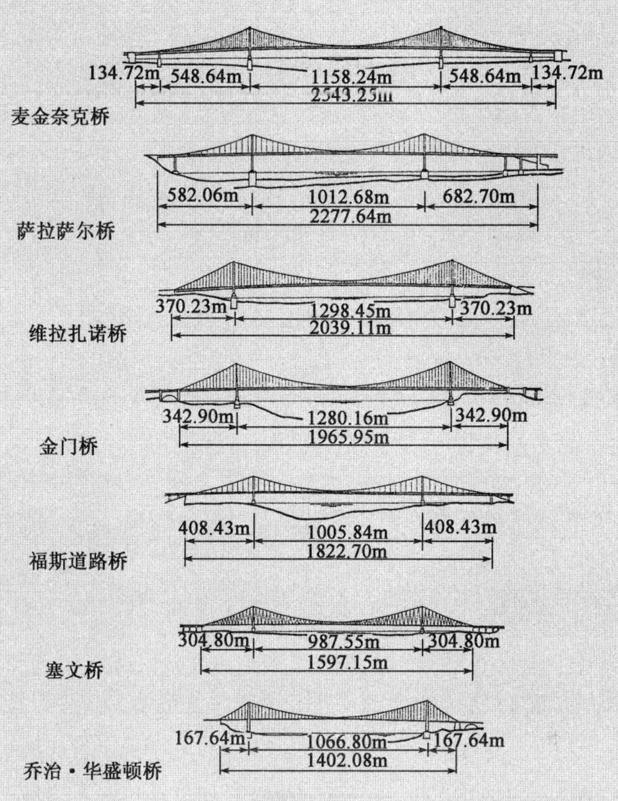

附图1　世界的长大吊桥排名表

维拉扎诺桥是安曼架设的，他改写了由他架设的世界第一的乔治·华盛顿桥。因此，在他的一生中因两次架设了世界第一的吊桥而名扬。

维拉扎诺桥当时是以自由桥的名字开展宣传活动的，已经叙述了斯坦因曼将其作为毕生的事业研究的热情，但他最终没有竞争过安曼，未能实现自己的梦想。吊桥是缆索承重的结构，应计算锚碇间的距离，世界第一的吊桥是麦金奈克桥。

·独立的斯坦因曼

安曼和斯坦因曼，架设了世界第一吊桥的两位大师奇妙地在人生的某个时期都在相同的桥梁公司中林登塔尔的手下工作，所谓的同在一个

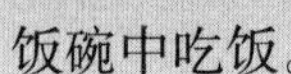

饭碗中吃饭。

斯坦因曼辞去爱达荷大学的教职后,进入了憧憬的林登塔尔的公司不过三年,时间并不长久。

第一次大战战时经济之下,美国关联的公共事业的工作大幅度下降,因此 1917 年林登塔尔突然缩小了公司的业务,解雇了斯坦因曼。表面的理由是工作没有了,真实的是,传说林登塔尔也嫌弃安曼和斯坦因曼的对立关系。

不管怎么说,斯坦因曼在林登塔尔的许可之下辞职了,其后,暂时在母校纽约的城市学院教书,三年后的 1920 年辞职,和比他年长 23 岁的实际工作经验丰富的罗斌逊(Holton Duncan Robinson)组成了罗斌逊·斯坦因曼公司,开始了真正的桥梁设计。这时,斯坦因曼 34 岁。

·顺风满帆的安曼

安曼留在了林登塔尔的公司,已经 67 岁高龄的林登塔尔虽然最信任安曼,可还暂时不想放手。

斯坦因曼受到林登塔尔的熏陶有 3 年,安曼却有 12 年,而且得到经过新泽西州的州长而成为纽约港港公团的理事希鲁扎(George · S · Silzer)以及林登塔尔的提携和帮助,可以说,安曼是林登塔尔正统的继承者。

安曼经过林登塔尔的许可而离开,完全独立是 1923 年他 44 岁时,安曼感到他的人生春风得意。

安曼独立前 2 年,即 1921 年以连接哈德逊河为主要目的,纽约港湾公团(Port of New York Authority)设立了纽约州和新泽西州,当初提出了隧道和桥梁的方案进行比较,但逐渐安曼提出的吊桥方案成了首选。

1927 年,公团任命安曼担任吊桥的桥梁部长,同年 9 月 21 日,乔治·华盛顿桥开始施工。

工程开始后仅仅两年的 1929 年 10 月,华尔街的股票大跌,突入了世界大恐慌的时期,幸好工程的进展还算顺利,安曼这一阶段的工作得到了认可,1930 年升为全公团的技师长。

1931 年 10 月 25 日,大体上是 4 年的工期,20 世纪的大桥梁工程竣工了,安曼有了"纽约的法王"的尊称。[注9)]

这里法王并不是罗马的教主，而是拉西语系的桥梁大栋梁之意。[注10)]

1937 年成为港湾公团的理事，在 1934 年至 1937 年间兼任昆斯伯勒桥（Thiborough Bridge Authority）的主任工程师，是布朗克斯白石吊桥的技术负责人。

·围绕塔科玛垮桥的对立

1939 年 60 岁的安曼辞去了两公团的职务再次独立经营个人的公司，但这并不意味着他可过引退后平稳的生活，和斯坦因曼展开命运的争斗，才真正地开始了。

事情的起因是 1940 年 11 月 7 日发生的，当时世界第三位的长大吊桥塔科玛桥，竣工后 4 个月被风吹毁成千万片而塌落。

塔科玛桥的设计者莫伊瑟夫（Leon·S·Moisseiff）是开拓了挠度理论（Deflection Thory）实用化的先驱，乔治·华盛顿桥虽是安曼的公司担负的计算任务，但莫伊瑟夫也参与了计算，此后还有几个长跨度的吊桥也是如此，安曼和莫伊瑟夫是互相合作的关系。

无论如何都要使莫伊瑟夫无罪，煞费苦心的痕迹在以安曼为中心的委员会的事故调查报告书中随处可见。[注11)]

践踏安曼的苦劳，认为塔科玛垮桥是人灾，即使不垮桥也应是人灾则是斯坦因曼的说法。

斯坦因曼的主张可能不是错误的，但是有点强硬，使得大多数世上的技术者反感，也成了与安曼之间的重大分歧。[注12)]

两位巨匠的争论达到顶峰是 20 世纪 50 年代，麦金奈克桥的架桥研究委员会成了争论的场所，实际上莫伊瑟夫第二次世界大战前已设计好了跨越麦金奈克海峡的麦金奈克桥，采用的是和塔科玛桥同样的由桁断面加劲的吊桥。

幸还是不幸，因有塔科玛桥的事故，而且第二次世界大战是个非常时期，莫伊瑟夫的原始设计未被采用。

·赢得麦金奈克桥架设工作的斯坦因曼

第二次世界大战后，1950年麦金奈克桥的架设又兴起了高潮，当然有必要再研究莫伊瑟夫的原始设计,其责任者是密执根大学的工学部长克劳伍夫道(lvan · C · Crawford),克劳伍夫道选择了三名最高权威作为委员,即安曼、斯坦因曼以及旧金山海湾桥设计的伍德拉夫(Glenn B · Woodruff)。

根据传说,这三个人的委员会,始终是安曼和斯坦因曼面对面争斗的擂台,伍德拉夫就像个裁判一样。

结果是安曼退却了,麦金奈克桥交给了斯坦因曼,他担负了有关麦金奈克桥所有的技术责任。

1953 年,正式任命斯坦因曼为麦金奈克桥的设计者,伍德拉夫为协作者,实际的工事 1954 年 7 月开始,1958 年 6 月开始营运。

· 维拉扎诺桥的安曼

麦金奈克桥安曼一败涂地,但他还有最后的机会,即维拉扎诺桥。斯坦因曼燃起以自由桥的名字继续追求的计划,由于纽约还是安曼的势力强大,工作被安曼拿走了,斯坦因曼落空了。20 世纪 50 年代中期开始了维拉扎诺桥实际的建设过程,这个世界第一的吊桥 1958 年 8 月开始施工,大体上 5 年工期,于 1964 年 11 月竣工。

· 两人在抗风稳定性认识的差异

已经叙述了安曼和斯坦因曼两人不共戴天的人际关系,现在说一说两人在技术问题上到底有什么差异? 第一,关于塔科玛桥垮桥的"扳机"的中央扣,斯坦因曼认可其效果,相反,安曼却无视其效果。注13)

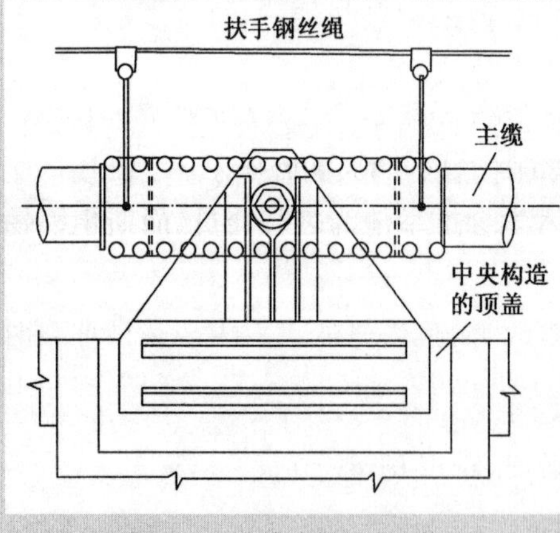

附图 2　麦金奈克桥的中央构造

这样的差别导致了对吊桥抗风性能认识的差异,斯坦因曼使用中央构造(附图 2)、桥面开孔等以提高桥梁的抗风性能,与此相对,安曼认为长大吊桥质量比什么都重要,可以贡献刚度,

而且就确信这一点。

两人技术上认识的差异,看看附图 3 完全就能了解,按同一比例画出的图,上面两座是安曼的乔治·华盛顿桥和维拉扎诺桥,本质上是相同的构造,与此相对,下面是斯坦因曼的麦金奈克桥的断面,桥面板采用格子构造,以提高抗风性能,其结果是非常经济的。

车道数不同,因此活荷载不同,可能不能一般地比较,但是桥梁的差别是非常明显的,而且其影响如附图 4 所示,主塔也作用很大的力,结果是使用钢材和钢绞线如附表 1 所示,重量差在倍以上,经济性有很大的差别。

美国主要吊桥的比较　　附表 1

桥　名	乔治·华盛顿桥	金门桥	麦金奈克桥	维拉扎诺桥
竣工年	1931	1937	1958	1964
主跨(m)	1067	1280	1158	1298
吊桥全长(m)	1402	1823	2274	1986
桥宽(主缆中心间隔)(m)	32.3	27.4	20.7	31.4
车道数	14	6	4	12
塔高(m)	181.4	227.4	168.2	210.3
主缆直径(cm)	91.4(×2)	91.4	62.2	90.4(×2)
使用钢绞线重量(t)	30200	22100	11300	37800
构造用钢材总量(t)	94600	83600	38100	132100

附表 1 中的吊桥除了麦金奈克桥以外全是由安曼设计或由安曼指导设计的,唯一的就是麦金奈克桥安曼没有染指。斯坦因曼自豪地说,由于麦金奈克桥考虑了抗风设计,这种程度的经济性是可能的。

·晚年的安曼和斯坦因曼

介绍安曼和斯坦因曼的本文,终于接触到两人的晚年了。

1953 年,安曼 74 岁时,美国土木学会推举他为名誉会员,而斯坦因曼却没有受到这样的礼遇。

1958 年工程新闻杂志登载了 79 岁的安曼的访谈录,想不到已经到了这样的年龄了,对斯坦因曼的敌视还流露出来,他说:“要想让斯坦因曼生气的话,就在所有他能听到的地方‘赞扬’他是一个无礼的人”。安曼越说越火,他还说:“斯坦因曼这个家伙只不过是个极端的利己者。”安曼又说:“人应该关系很好地一起共事,谁也不想看一个人表演的舞台哟。”[注14)]

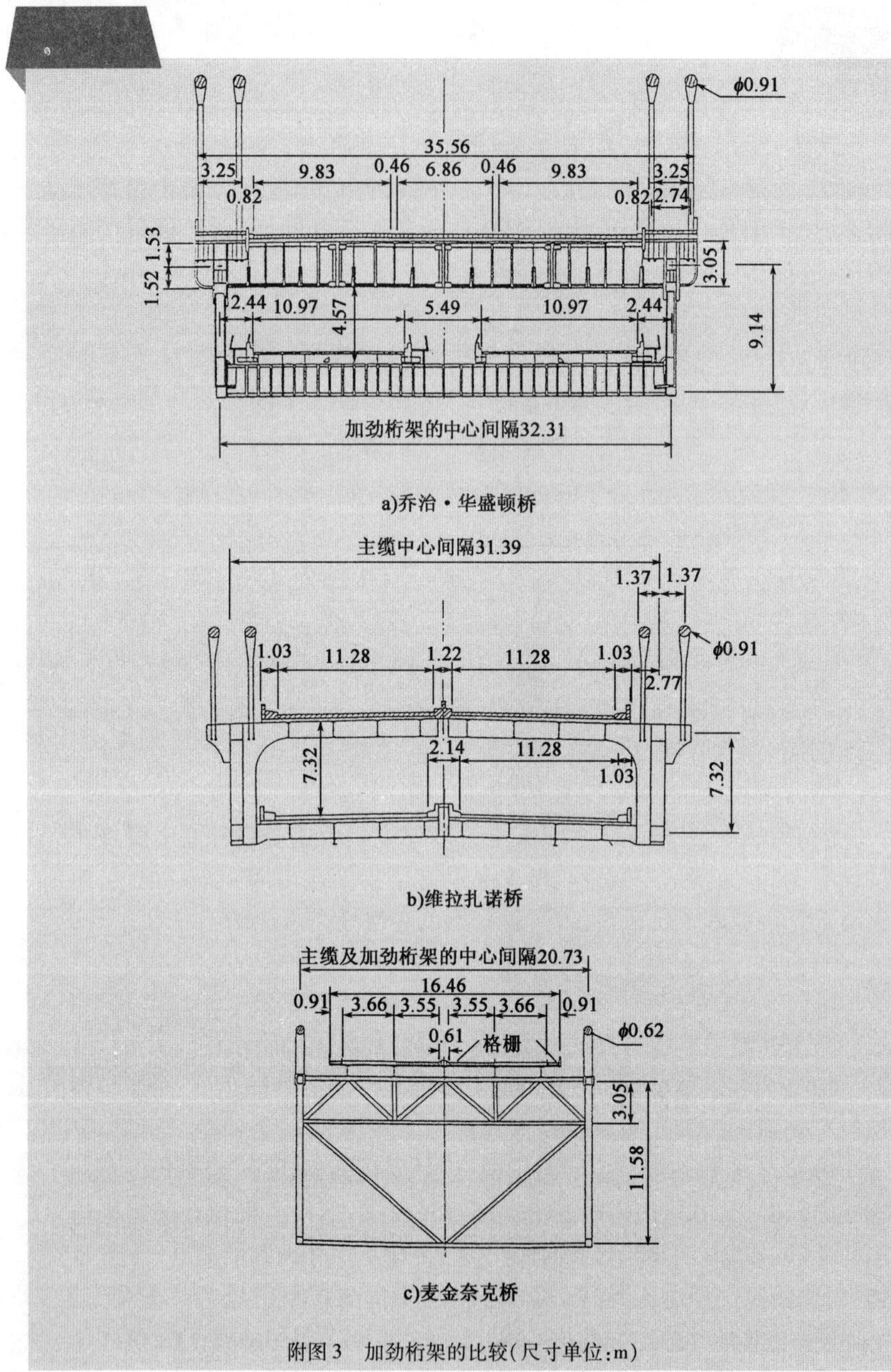

a)乔治·华盛顿桥

b)维拉扎诺桥

c)麦金奈克桥

附图3　加劲桁架的比较(尺寸单位:m)

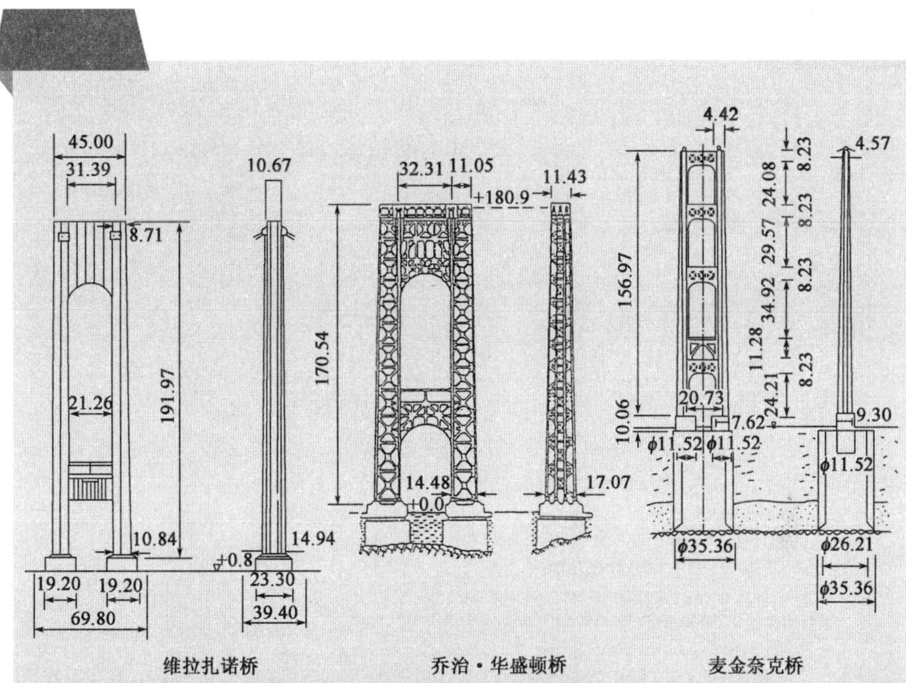

附图4 吊桥主塔的比较(尺寸单位:m)

被称为无礼者的斯坦因曼,第二年在相同的杂志上刊出了自己的访谈录,斯坦因曼73岁,这件事发生在他去世前一年。

对斯坦因曼来说,社会名声和经济方面都很成功的同时,失望和挫折连续不断,他花了毕生追求的梦,在纽约湾口架桥的计划,破火了。已不再是由他进行施工的准备了。注15)

安曼和斯坦因曼,两人是终生的竞争对手。

·追记

追加本文中遗漏的二三事。

一个是1946年,安曼67岁时和过去受安曼指导的康纳尔大学时代的实习生惠特曼联合起来成立了安曼·惠特曼公司,以后有关美国的长大吊桥,通称为安曼咨询公司和斯坦因曼咨询公司,进入了两大咨询公司的时代,一直到现在。

还有一个是美国土木学会没有接受斯坦因曼,1934年他成立了对抗的组织NSPE(National Society of Proffessional Engineers),并担任第一任的会长。参加人不仅是土木,还包括建筑、机械、电气等广泛领域的技术者,今天仍在名片上印有 P. E. 字样,和日本的技术士相当,社会地位相当高。

还有本文最后所述的访谈记录,是 ENR 杂志以土木界的大腕为对象进行采访的系列节目《人和工作》的一集,同杂志的编辑次长署名赞扬安曼是"钢结构的艺术家"。相对照,谈起斯坦因曼时,却说:"斯坦因曼是谁?"相当讽刺还不如说是恶意的匿名的事。

两个人到最后也互相咬着,1960 年斯坦因曼 74 岁去世,安曼于 1966 年 86 岁去世。

注 1) M. Petroski "Engineers of Dream" 1995 Vintaze Book, p. 353

注 2) O. H. Ammann "The Hell Gate Arch Bridge and Approaches of the New York Connecting Railroad over East River in New York City" with discussion. 1918 Transactions of the American Society of Civil Engeneers 82: pp. 852-1004, 1005-39.

注 3) D. B. Steinman "Stress Measurements on the Hell Gate Bridge", with discussion, 1918. Transactions of A. S. C. E. 82, pp. 1040-76, 1077-1137.

注 4) William Ratigan "Highways Over Broad Waters——Life and Times of David B. Steinman, Bridgebuilders" 1959 Eerdmans.

注 5) A. トラクテンバーグ著、大井浩二訳「ブルックリン橋——事実と象徴」1977 研究社、pp. 229~

注 6) Josef Melan "Eisernen Bogenibrücken und Mängebrücken" 1888, Wilh. Englmann, Leibzig. これが原著。

注 7) 川田忠樹「長径間吊橋の理論と計算」1969 橋梁編纂会、pp. 5~

注 8) "The Salazar Bridge" Gabinete de Ponte Sabne O Tejo, July 1966, Lisbon, Portugal. p. 142.

注 9) M. Petroski "Engeneers of Dream" 1995, Vintage Book, p. 271.

注10) 川田忠樹「歴史の中の橋とロマン」1985、技報堂 pp. 70~75

注11) "The Failure of the Tacoma Narrows Bridge——A Report to the Honorable John M. Carmody, Administrator, Federal Works Agency, Washington, D.C." By Board of Directors: O. Ammann, Theodor van Kármán and G.B. Woodruff, March 28, 1941.

注12) Joseph Gies "Bridges and Men" 1961 Doubleday, pp. 243~258.

注13) 川田忠樹「だれがタコマを墜したか」1975、建設図書、pp. 55~60, 88~102, 139~145.

注14) Luis A. Volse" O. H. Ammann" An Artist in Steel Design" Engeneering News-Record, May 15, 1958.

注15) "What Measure for This Man ?" Engeneering News-Record, June 25, 1959.

附照片出处

附照片1: M. Petroski "Engineers of Dream" 1995 Vintaze Books, p. 353

附照片2: "The Engineer and His Work——Tribute to Othmar Ammann" 1967 The New York Academy of Sciences

附照片3: Ratigan "Highway Over Broad Water"